Uschi Glas

Ein Schätzchen war ich ni

USCHI GLAS
mit Olaf Köhne und Peter Käfferlein

Ein Schätzchen war ich nie

mosaik

Penguin Random House Verlagsgruppe FSC® N001967

1. Auflage
Originalausgabe Februar 2024
Copyright © 2024 Mosaik Verlag, München,
in der Penguin Random House Verlagsgruppe GmbH,
Neumarkter Str. 28, 81673 München
Redaktion: Martha Wilhelm
Umschlag: Sabine Kwauka
Umschlagmotiv: Dieter Mayr
Satz: Uhl + Massopust, Aalen
Druck und Bindung: GGP Media GmbH, Pößneck
Printed in Germany
AR · IH

ISBN 978-3-442-39431-9

www.mosaik-verlag.de

Inhalt

Vorwort – Vorsicht Glas! 9

Der Blick in den Spiegel 15

Eine kleine Rebellin,
immer schon 24

Mutterkind 33

Das Schweigen meines Vaters 42

Nomen est omen? 50

Freiheit schwarz auf grau 57

Schnittstellen 63

Ohne Vorbehalt 71

Das Schätzchen kommt und bleibt 78

Anziehend ausgezogen 84

Ich wollte niemandem gehören 89

Frauenbewegt 97

Zerrissen zwischen Roy
und Gerd 107

Mein Freund, der »Edel-Kommunist« 115

Vorleben und lieben 120

»Uschi Provocazione« 128

Wir sehen uns in Kiew 133

Aufstehen und weitermachen 139

Fünf Kinder, drei Hunde und Oliver Kahn 144

Am seidenen Faden 162

Wag es nicht! 170

Worte können Waffen sein 173

Wie machen Sie das? 179

Der letzte Kaiserschmarrn 185

Eine Frage der Mathematik 194

Eine Radiosendung,
die mein Leben veränderte 206

Fack ju Schätzchen 213

Und jetzt? 218

Danke 220

Bildnachweis 224

»Entscheidend ist doch,
was man aus seinem Leben macht.
Und die Liebe,
sie ist das Wichtigste.«

Elmar Wepper

Vorwort – Vorsicht Glas!

*W*ie war ich eigentlich auf einem roten Plüschsofa in einer dunklen Holzkiste gelandet?, fragte ich mich, während ich im nächsten Moment schon rumpelnd auf die Bühne geschoben wurde. Außen an die Holzkiste hatte man ein großes Schild mit der Aufschrift »Vorsicht Glas« geklebt. Es war der 1. Juni 1972, die Premiere der Samstagabendshow *Hätten Sie heut' Zeit für mich?* zur besten Sendezeit live im deutschen Fernsehen. Mein Verschlag wurde aufgestemmt, und vor mir stand Moderator Michael Schanze (ein lieber Freund, mit dem ich im selben Jahr auch den Kinofilm *Die lustigen Vier von der Tankstelle* drehte). Der »Vorsicht Glas«-Gag ging auf. Unter dem Applaus des Studiopublikums entstieg ich der Kiste und fiel Michael in die Arme. Anschließend hatte ich einen Gesangsauftritt mit der Giorgio-Moroder-Produktion »Denn ich liebe diese Welt«. Ich war 28 Jahre alt, und diese Zeile, die ich da sang, entsprach meinem Lebensgefühl.

Mehr als ein halbes Jahrhundert ist seit diesem Fernsehabend vergangen. Die beiden Worte – *Vorsicht Glas* – aber blieben haften und wurden so etwas wie mein Slogan, ein Running Gag, der mir immer und überall begegnete. Nicht weil ich so ein zerbrechliches Wesen wäre (bloß nicht schütteln, geht kaputt). Nein, im Gegenteil: Mir eilte schon in jungen Jahren der (berechtigte) Ruf voraus, dass ich mir nicht alles gefallen ließ. Ich widersprach, wenn mir etwas nicht in den Kram passte, und ich erlaubte mir, eine eigene Meinung zu haben und diese auch auszusprechen. Und das als Frau! In dem Alter! Was bildet sich diese Glas eigentlich ein?!, dachten viele, meistens Männer. Aber so war ich schon immer. Ich kann nicht raus aus meiner Haut – und ich will es auch nicht. Im Grunde schwamm ich in allen Lebensphasen gegen den Strom, auch wenn ich mir dadurch manches mit Anlauf und Ansage verbaute. Schon als Kind war ich, wie mein Vater leidvoll erfahren musste, immer auf Gegenkurs. Sagte er »hü«, sagte ich »hott«. Sagte er: »Keine Fragen mehr, Schluss jetzt«, dann sagte ich: »Moment, kann ich bitte erst mal in Ruhe nachdenken?«

War ich von etwas nicht überzeugt (und damit meine ich nicht nur meinen Beruf), konnte man mir 100-mal versuchen einzureden, wie gut und wichtig es angeblich sei: »Mach's einfach, diskutier nicht ewig rum. Hinterher erinnert sich eh kein Mensch dran.« In dem Moment gingen bei mir alle Alarmsirenen los. Nein und nein, ich machte es eben nicht. »Wunderbar«, war meine Antwort, »dann mach du es doch so, ich mach es anders«, und so ließ ich mich zu nichts überreden, was nicht meiner Meinung entsprach.

Wenn jemand ungerecht oder von oben herab behandelt wird, kann ich fuchsteufelswild werden. Intrigen und üble Nachrede sind mir zuwider. Eine kleine Beobachtung öffnete mir früh die Augen dafür, wie die Schauspielbranche tickt. Wegen der Dreharbeiten für *Das große Glück,* eine meiner ersten Hauptrollen nach *Winnetou und das Halbblut Apanatschi,* war ich nach Wien gefahren. An einem der ersten Drehtage wartete ich mit ein paar Kolleginnen gerade im Maskenraum, als die Tür aufgerissen wurde und eine bekannte Schauspielerin hereinwehte. Alle anderen ignorierend nahm sie ihren Maskenplatz ein und fing sofort ein Gespräch mit der Kollegin neben ihr an. »Liebes, ich hab dich gestern im Theater g'sehn. Du warst ja *so* gut. Selten warst du *so* gut. Das ist mir *so* zu Herzen gegangen. Nein, ich kann es dir gar nicht sagen. Und ausgeschaut hast du *so* gut!« Voller Überschwang ging es weiter, und die Gelobte erblühte sichtlich. Irgendwann war sie fertig geschminkt und verließ beschwingt die Maske. Kaum war die Tür hinter ihr ins Schloss gefallen, drehte sich diejenige, die gerade noch mit Komplimenten um sich geworfen hatte, zu uns um und verzog angewidert das Gesicht: »Mei, was war die schleeeecht. Und wie schlimm die ausg'schaut hat, so schiach!« Ich war geschockt und dachte nur: Wie werden die gleich mich in die Pfanne hauen, sobald ich draußen bin? Am besten verlasse ich nie mehr diesen Maskenraum. Im Nachhinein denke ich, ich hätte dem Lästermaul die Meinung sagen sollen, aber so ein böses Reden und Lästern war mir bis dahin wirklich fremd. Damals schwor ich mir: Egal, was passiert, so wie die bist du nicht, und so wirst du auch nie werden. Und beim nächsten Mal machst du die Klappe auf.

»Vorsicht Glas« hieß es auch oft, wenn ich neu an einen Drehset kam. Keiner sprach es offen aus, aber ich spürte, wie man um mich herumschlich. Das waren die zwei Seiten der Medaille. Für die einen war ich die, die den Mund aufmachte, für die anderen die mit Haaren auf den Zähnen. Dass ich ungewollt junge Kolleginnen verschreckte, tut mir leid. »Ich hatte anfangs richtig Schiss vor dir«, hörte ich nicht nur einmal. »Keine Sorge, ich beiße nicht«, meinte ich. Spätestens dann war das Eis gebrochen.

Mein Uschi-in-the-Box-Moment bei Michael Schanze ist nun schon eine Weile her. Mein Leben bestand aus vielen schönen, aber auch schwierigen Zeiten, und ich frage mich manchmal: War es das alles wert? Die vielen Kämpfe und Konflikte? Ja, das war es. Auch wenn ich feststelle, dass ich heute gelassener bin als früher und mich insgesamt weniger aufrege. Ich bin glücklich und dankbar dafür, mein Alter – gesund – erreicht zu haben. Ich sehe keinen Grund, die 80 zu verheimlichen oder verdruckst damit umzugehen. Gegenüber denjenigen, die mit dem Alter kokettieren – »Ach, ich will gar nicht so alt sein«, »Ich will keine 60, 70, 80 werden« –, lautet meine Standardantwort mittlerweile: »Dann musst du halt vorher sterben.« Das wäre dann wenigstens konsequent. Schöner formuliert könnte man sagen: »Die young, stay pretty«, so wie Debbie Harry (Blondie) es schon 1979 sang. Debbie Harry, die im nächsten Jahr auch die 80 knackt, hat sich übrigens nicht daran gehalten und ist immer noch eine wunderschöne Frau.

Ich wollte niemandem gehören, keinem Land, keiner Bewegung und auch keinem Mann. Ich wollte niemals im Gleichschritt gehen, nur weil alle anderen etwas auf dieselbe Art machten. Ich wollte selbstständig sein und unabhängig, mein eigenes Geld verdienen und keinem Rechenschaft ablegen müssen. Ich wollte auch Erfolg, dafür gab ich vieles, und manches gab ich auch auf. Die Frauenrollen, die ich am liebsten verkörperte, waren Hoffnungsträgerinnen und Kämpferinnen mit der Einstellung: Egal, wie weit unten du bist, du kannst aufstehen und es wieder nach oben schaffen.

Im realen Leben habe ich – unbewusst – die Nähe zu solchen Frauen gesucht. Auch von ihnen werde ich erzählen, von ihrem Mut und ihrer Haltung. Ihnen möchte ich in diesem Buch ein kleines Denkmal setzen. Ich habe das Gefühl, immer weniger Menschen trauen sich heutzutage, Position zu beziehen und für etwas einzustehen – aus Sorge, in einen Shitstorm zu geraten. Auch ich bekam im Laufe meines Lebens viel Gegenwind und bin nicht selten auf die Nase gefallen, aber eines habe ich gelernt: Widerspruch lohnt sich.

Der Blick in den Spiegel

Zwergerl, abends musst du in den Spiegel schauen können.« An diesen Satz meines Vaters denke ich jeden Tag.
Das Zwergerl, das war ich, denn ich war das jüngste von
vier Kindern, geboren am 2. März 1944 im niederbayeri-
schen Landau an der Isar. Ich hatte drei ältere Geschwister,
zwei Schwestern, Heidi und Sigrid, und einen Bruder, Gerhard. Meine Mutter Josefa war Hausfrau, mein Vater Christian Buchhalter.

Das Verhältnis zu meinem Vater war ambivalent, mit
guten und weniger guten Phasen, manchmal standen wir uns
nah, dann wiederum hatten wir uns entfremdet. Über viele
Jahre war die Beziehung konfliktgeprägt, angefangen in meiner aufmüpfigen Kindheit, nahtlos übergehend in eine rebellische Jugend. Aber manchmal, wenn wir uns wieder einmal ganz heftig in die Haare bekommen hatten, weil mein
Vater mich einfach nicht verstehen wollte, schaute er mich
plötzlich an und sagte: »Ach, Zwergerl, du musst selbst wissen, was du tust, solange du abends in den Spiegel schauen
kannst.« – »Was redest du da?«, sagte ich in meiner Wut oder
dachte es zumindest.

Aber heute weiß ich, der Spruch meines Vaters ist ein
wunderbarer Ratschlag, so schlicht und wahr. Egal, wie du
handelst, was du redest oder wie du denkst, am Abend eines
Tages musst du Bilanz ziehen und ehrlich mit dir sein: Hast

du andere so behandelt, wie du selbst behandelt werden möchtest? Oder warst du eine Schlange, warst unverschämt, hast dich schlecht benommen? Bist du mit dir im Reinen? Was ist gut gelaufen, was hast du falsch gemacht?

Das gilt für das Klein-Klein des Alltags ebenso wie für das große Ganze. Wenn ich zum Beispiel mit dem Auto unterwegs bin und jemand zeigt mir den Vogel, dann würde ich am liebsten spontan aus dem Fenster brüllen und mich beschweren. Stattdessen sage ich mir: Moment! Was habe ich davon? Und dann grinse ich zurück und sage: »Ja, auch Ihnen einen schönen Tag.« Dann ist der Groll verschwunden, und ich trage ihn nicht mit mir nach Hause. (Klappt aber nicht immer, manchmal schimpfe ich zurück.)

Als ich nach meiner ersten Hauptrolle in *Winnetou und das Halbblut Apanatschi* plötzlich im Rampenlicht stand, war die Gefahr groß, die berühmte Bodenhaftung zu verlieren. Erfolg verführt zu schlechtem Benehmen. Warum? Weil man es sich leisten kann und die anderen einem alles durchgehen lassen und einem jeden Wunsch von den Lippen ablesen. Ob du zu einem Termin pünktlich kommst oder zwei Stunden zu spät bist und alle warten lässt – ist doch egal. Denn du bist der Star. Deinetwegen stehen die Menschen Schlange vor den Kinos. In dieser Situation musste auch ich lernen, mich selbst zu kontrollieren, indem ich mir immer wieder sagte: »Es geht nicht um dich als Menschen, du bist gefragt, weil du gerade erfolgreich bist. Morgen kann die Welt schon wieder anders aussehen.« Ich hatte mir fest vorgenommen, nicht mit irgendwelchen Spinnereien und Allüren anzufangen. Was nicht leicht ist, wenn ein kleiner Teufel auf deiner Schulter sitzt und dir einflüstert: »Du darfst das. Mach es.« In solchen Momenten dachte ich an den Satz meines Vaters. Wenn ich dann in den Spiegel schaute, sah ich nicht mehr den Star von der großen Leinwand, sondern wieder das Zwergerl aus Landau.

Seitdem habe ich mir angewöhnt, jeden Abend meine kleine Bilanz zu ziehen und die Erlebnisse, Erfahrungen, Begegnungen des Tages zu reflektieren. Ich halte Zwiesprache mit mir selbst und versuche, dabei nichts schönzureden. Natürlich denke ich in solchen Momenten auch an meine Liebsten. Geht es unseren Kindern gut, sind die Enkel wohlauf? Aber man blickt ja zum Glück über den eigenen Tellerrand hinaus (sollte man zumindest). Wenn ich heute über den zurückliegenden Tag nachdenke, überwiegen Sorgen, denn das, was wir gerade in unserer Gesellschaft erleben, treibt mich um, und so geht es, denke ich, den meisten Menschen. Das meine ich mit dem »großen Ganzen«. Was ist passiert, dass viele Leute nicht mehr in der Lage sind, die Meinung Andersdenkender zu ertragen oder zu akzeptieren? Man muss ja nicht alles gut finden, aber warum die anderen gleich niedermachen, fertigmachen, hassen? Warum verstehen wir uns denn nicht mehr? Gleichzeitig nehme ich eine große Resignation wahr. Viele stecken lieber den Kopf in den Sand, sie wollen nichts mehr von Krisen und Kriegen hören. Aber macht es das denn besser? Was wir ausblenden, findet in der Realität trotzdem statt. Das sind Fragen, mit denen ich mich intensiv beschäftige.

Ich war schon immer ein politisch denkender und interessierter Mensch. Politik spielte in meinem Elternhaus eine große Rolle, ausgehend von meinem Vater, einem Sozialdemokraten mit Leib und Seele, dessen Überzeugungen ich allerdings nur selten teilte. Wer mich ein bisschen kennt, weiß, ich habe mit meiner Meinung nie hinter dem Berg gehalten und eckte hier wie dort an. Für die Linken war ich die »schwarze Ziege«, für die Rechten die Querulantin, die sich in alles einmischen muss.

Ich kam im vorletzten Kriegsjahr zur Welt. 14 Monate sollte der Krieg noch andauern. Unsere niederbayerische Region, Landau und Umgebung, lebte hauptsächlich von der Landwirtschaft. Industrie gab es kaum, weshalb Landau von den massiven Bombardierungen, wie es sie in anderen Regionen und Städten gab, weitestgehend verschont geblieben war. Ein Mahnmal des Krieges war noch lange nach 1945 die Stahlruine der Isarbrücke im Herzen Landaus. In den Wirren der allerletzten Kriegstage hatten deutsche Soldaten auf Befehl der SS die Brücke gesprengt. Ich kann mich gut daran erinnern, wie wir als Kinder verbotenerweise zwischen ihren Überbleibseln herumschwammen. Für uns war das ein Abenteuer, die Lebensgefahr nimmt man in dem Alter ja nicht wahr.

Ich wuchs auf im Nachkriegsdeutschland, dem Wirtschaftswunderland Bundesrepublik Deutschland. Es war der Beginn unserer jungen Demokratie. Als ich 1965 zum ersten Mal bei einer Bundestagswahl mitwählen durfte (CDU-Ludwig-Erhard trat an gegen SPD-Willy-Brandt), empfand ich den Urnengang selbst als etwas Besonderes. Das Wählen war für mich als junge Frau auch Teil meines Erwachsenwerdens. Ich habe niemals *nicht* gewählt. Wählen war mir nie »lästig«, sondern immer ein Privileg. Ich war mir meiner Verantwortung bewusst. Die Demokratie ist angewiesen auf das Volk, auf mündige, engagierte, couragierte Bürgerinnen und Bürger, und es ist nicht zu viel verlangt, alle vier Jahre zur Wahl zu gehen, oder? Das Argument: »Ich wähle nicht, um es

denen da oben mal zu zeigen«, ist – Verzeihung – nur dämlich. Und zu protestieren, indem man Parteien wählt, die das
Wählen am liebsten abschaffen möchten, grundgefährlich.
Freie Wahlen, Meinungs- und Pressefreiheit, das demokra-
tische System – das alles ist nicht gottgegeben und schon gar
nicht selbstverständlich, auch wenn wir das lange glaubten.
Aber es gibt keine Garantie. Mir ist es ein Anliegen, Stellung
zu beziehen und mit meiner Stimme dazu beizutragen, dass
wir alle weiterhin frei leben können, egal welche Hautfarbe,
Religion oder sexuelle Orientierung jemand hat. Wir dürfen
Fremde nicht ausgrenzen, müssen aber darauf pochen, dass
die Werte, auf denen unser friedliches Zusammenleben be-
ruht, von allen eingehalten werden. Ohne falsche Toleranz.
Ohne Fremdenhass.

Ich hatte das Privileg, viel von der Welt zu sehen, andere
Länder, Kulturen und Mentalitäten kennenzulernen, bin
früh gereist, nach Italien, England, Frankreich, Spanien, obwohl meine Eltern nicht gerade viel Geld besaßen. Irgendwie
bekam ich es hin. Reisen war damals noch etwas Exoti-
sches. Man war in der *Fremde*. Die Erfahrung, selbst fremd
in einem Land zu sein, nimmt einem die Angst vor *den
Fremden*. Damals, ich rede von den 60er-Jahren, waren wir
Deutsche längst nicht überall willkommen. Der Zweite Weltkrieg lag erst wenige Jahre zurück. Am liebsten war es mir,
wenn man mich im Ausland nicht sofort als Deutsche iden-
tifizierte. Wenn man dann doch mit der Vergangenheit kon-
frontiert wurde, fühlte es sich demütigend an. Denn da war
immer dieses Schuldgefühl in einem.

Vor mehr als 50 Jahren besuchte ich zum ersten Mal Israel
und bin seitdem viele Male in dem Land gewesen, das mich
von Anfang an fasziniert hat. Ich reiste mit einer Freundin

erst nach Tel Aviv, eine damals schon pulsierende Metropole, und dann weiter nach Jerusalem, eine Stadt, die nur schwer zu fassen war, erhaben, vielschichtig, Respekt einflößend. Wir schauten uns auch Bethlehem und andere historische Orte an. Israel hatte einen besonderen Spirit, allein durch die vielen jungen Frauen und Männer, die aus aller Welt hierherströmten, um das Land aufzubauen. Gleichzeitig waren das besondere Verhältnis Deutschlands zu Israel und unsere Verantwortung für das Land allgegenwärtig – und unstrittig. Dass jüdisches Leben gerade in Deutschland schützenswert und wichtig ist – in diesem Bewusstsein ist meine Generation erzogen worden. Im Laufe meines Lebens ist meine Verbundenheit mit Israel geblieben und sogar tiefer geworden, auch durch gute Freunde, die jüdischen Glaubens sind und von denen ich weiß, was es bedeutet, als Jüdin oder Jude in Deutschland zu leben. Dass jüdische Einrichtungen polizeilichen Schutz benötigen – und das nicht erst seit dem im Jahr 2023 ausgebrochenen Nahostkrieg –, ist eine Schande für unser Land. Und wenn ich Sätze höre wie »Lass mich in Ruhe mit der Vergangenheit, ist doch alles lange her«, könnte ich auf die Palme gehen. In Ruhe lassen, genau das geht halt nicht. Es spielt auch keine Rolle, wenn du es nicht mehr hören kannst. Wer so redet und denkt, lässt den Populisten von rechts und links freie Bahn. Wir müssen hellwach sein. Wehret den Anfängen, heißt es doch. Manchmal frage ich mich, sind wir nicht schon mittendrin?

Im Oktober vergangenen Jahres nahmen mein Mann Dieter und ich an einer Solidaritätskundgebung für Israel auf dem Münchner Odeonsplatz teil. Es war uns wichtig, in dieser Situation, kurz nach den Anschlägen der Hamas, Flagge zu zeigen. Charlotte Knobloch, die Präsidentin der Israelitischen Kultusgemeinde München und Oberbayern, hielt eine bewegende Rede. Sie ist mittlerweile 91 Jahre alt, eine unerschütterliche Frau, immer noch eine Kämpferin. Ich lernte Charlotte Knobloch vor vielen Jahren kennen. Wir sind uns im Laufe der Zeit immer wieder begegnet. Was das Wort »Verzeihen« wirklich bedeutet und welche Kraft das Verzeihen haben kann, ist mir durch nichts bewusster geworden als durch das lebenslange Wirken von Charlotte Knobloch.

Der Münchner Kabarettist Christian Springer, der sich für Flüchtlinge im Nahen Osten, in Syrien, Jordanien und im Libanon engagiert, hatte an dieser Pro-Israel-Demo im vergangenen Jahr mitgewirkt. Am nächsten Tag verfasste er eine Protestnote an Münchens OB Dieter Reiter: »Vorab warnten sich Teilnehmer untereinander, nicht über den Marienplatz zur Feldherrnhalle zu kommen. Wie kann es sein, dass Teilnehmer einer Kundgebung, die der Opfer eines Massakers gedenken, ihre Kippot und ihre Flaggen verstecken müssen, um wohlbehalten anzukommen?« Hintergrund seiner Worte: Vor dem Rathaus, nur wenige Meter entfernt vom Odeonsplatz, hatte man zur selben Zeit die Kundgebung »Palästina spricht« zugelassen, auf der nicht wenige ihre Sympathie mit dem Hamas-Terror bekundeten.

Ja, ich glaube, dass die Zeiten gefährlicher geworden sind, sie sind schwierig und unübersichtlich. Wie schafft man es, bei dieser komplexen Gemengelage differenziert zu bleiben und nicht immer gleich alle in einen Topf zu werfen? Und trotzdem klar zu benennen, was im Argen liegt? Probleme nicht zu verschleiern, weil sich jemand angegriffen fühlen könnte? In dieser Beziehung wünsche ich mir mehr Orientierung von unseren Politikerinnen und Politikern – und weniger Unentschlossenheit. In der Politik darfst du keine

Fahne im Wind sein, nicht mal eben schauen, was die Leute hören wollen, und die eigene Meinung danach neu ausrichten. Wenn du vorn stehst, braucht es eine klare Sprache, damit die Menschen dich verstehen. Es gibt sie, die Mutigen und Unbeugsamen in der Politik. Joachim Gauck ist so einer. Ihn verstehen die Menschen. Er hat die Courage, Positionen zu vertreten, an die er glaubt, auch auf die Gefahr hin, angefeindet zu werden. Und das macht er auf eine unaufgeregte Weise. Deswegen hat sein Wort Gewicht.

Zugegeben, alles ist schwieriger geworden, auch für unsere Politiker. Und wer will eigentlich noch Politiker werden, wenn schon auf lokaler Ebene Landräte bedroht werden und Fackelzüge vor den Häusern von Bürgermeistern aufmarschieren? Die Verrohung ist auf allen Ebenen der Gesellschaft spürbar. Im Rahmen des Engagements für unseren Verein brotZeit höre ich Berichte von Schulleiterinnen und Schulleitern, die einen sprachlos machen. Mit dem Verein bieten wir – bis heute – an 400 Schulen in ganz Deutschland ein Frühstück für Kinder an, die morgens hungrig in die Schule kommen. Ein Lehrer erzählte mir zum Beispiel, dass er von Eltern massiv beschimpft und bedroht wurde, weil er ihrem Kind eine schlechte Note gab. Ein anderer beklagte, dass er sich kaum noch traue, Schülern einen Verweis zu erteilen. Und dann gibt es auch solche Eltern, die einen Lehrer aufforderten: »Hauen Sie meinem Sohn eine rein, wenn er Ärger macht.« Und wie soll sich eine Lehrerin Respekt verschaffen, wenn sich die ganze Klasse wegdreht, sobald sie den Unterrichtsraum betritt? Von einer Schulleiterin hörte ich, dass sie keine Elternabende mehr veranstalte, weil ohnehin niemand komme. Und Väter verweigern ihr das Gespräch und den Handschlag mit der Begründung, von einer

Frau ließen sie sich nichts sagen. Trauriger Alltag an deutschen Schulen. Respekt aber ist lernbar. Rücksichtnahme ist auch eine Frage der Erziehung. Wenn brotZeit nur ein kleiner Mosaikstein ist, um der Verrohung etwas entgegenzusetzen, haben wir etwas richtig gemacht.

Wir leben zum Glück in einem Land, in dem es *eigentlich* nicht viel Mut bedarf zu sagen: »Moment mal, so geht's aber nicht!« Oder: »Da bin ich anderer Meinung!« *Eigentlich* – denn viele trauen es sich nicht mehr. Dabei sollten heutzutage mehr Menschen die Stimme erheben, anstatt zu schweigen, auch die Künstlerinnen und Künstler unseres Landes, die in den Medien gehört werden. Denn Widerspruch einzulegen, bewirkt etwas. Man muss es halt nur tun.

Ich wünsche mir, dass ich mit meinen 80 Jahren noch lange die Kraft aufbringe, mich einzumischen, und das erhoffe ich mir auch von vielen anderen, gerade von den jungen Menschen, um deren Zukunft es schließlich geht. Engagiert euch, setzt euch für etwas ein und habt keine Angst anzuecken. Das ist mein Appell. Denn mit dem Anecken kenne ich mich aus. Vorsicht Glas! Was gibt es Langweileres, als angepasst zu sein?

Eine kleine Rebellin,
immer schon

*W*arum ist man so, wie man ist? Über diese Frage sind schon so viele Abhandlungen geschrieben worden, dass sich mit ihnen ganze Bibliotheken füllen ließen. Diese Frage hat auch mich immer beschäftigt. Sind es die Gene, ist es die Erziehung, sind es äußere Umstände, oder kommt man einfach mit einem eigenen Kopf auf die Welt? Was in meinem Fall ein Dickschädel wäre. Mittlerweile bin ich Großmutter von drei wunderbaren Jungs. Cosmo ist acht Jahre alt. Er ist der Sohn von Benjamin, meinem Ältesten. Meine Tochter Julia bekam vor zwei Jahren eineiige Zwillinge, Carl und Georg. Man könnte annehmen, in diesem Alter verhalten sich zwei kleine Buben, zumal eineiig, noch einigermaßen ähnlich. Aber ich stelle bei jedem Treffen aufs Neue fasziniert fest, wie unterschiedlich die beiden vom Typ her sind und wie eigen sie sich weiterentwickeln. Der eine forsch, der andere eher grübelnd.

Solange ich mich zurückerinnern kann, war ich immer erst einmal »dagegen«. Und es spielte keine Rolle, worum es ging. Ich hatte einfach diesen Widerspruchsgeist in mir. Zu einem wesentlichen Teil, davon bin ich überzeugt, wurde der mir eingepflanzt durch die Umstände, in denen ich aufwuchs. Meine Eltern und damit auch meine Geschwister und ich, wir waren die absoluten Außenseiter, aus gleich mehreren Gründen. Es fing damit an, dass meine Eltern Zugezogene waren. Meine Mutter stammte ursprünglich aus Schwaben, mein Vater aus Franken. Allein dadurch fielen wir im niederbayrischen Landau aus der Reihe. Entscheidender aber war es, dass wir in einer erzkatholischen Gegend evangelisch waren. Familie Glas? Das waren die Ketzer. (Und mein Vater war dazu noch Sozialdemokrat im CSU-Land Bayern.) In Landau lebten damals nur wenige Reformierte, und die meisten davon waren die Vertriebenen, also Flüchtlinge, die nach Kriegsende aus dem Osten in den Westen gekommen waren.

Für meine Mutter war die Situation noch deutlich komplizierter, denn sie war eigentlich Katholikin, hatte sich jedoch, um meinen Vater heiraten zu können, entschlossen, vom katholischen zum evangelischen Glauben zu konvertieren. Somit war sie nicht nur Außenseiterin in ihrem neuen Heimatort, sondern Ausgestoßene in ihrer eigenen Familie, die keinerlei Verständnis für den Weg meiner Mutter hatte. Wenn ich »ausgestoßen« schreibe, meine ich das genau so und übertreibe nicht, auch wenn man es sich heute kaum mehr vorstellen kann. Für die Eltern meiner Mutter war ihre Entscheidung eine unverzeihliche Sünde und eine echte Katastrophe. Ich selbst bin gern bei meinem Großvater und meiner Großmutter mütterlicherseits gewesen. Ich besuchte sie in den Ferien im Schwabenländle, wo mein Opa eine Metzgerei unterhielt. Meine Oma verkaufte die Fleisch- und Wurstwaren im eigenen Geschäft. Für mich war das eine faszinierende Welt. Zu ihren Enkelkindern pflegten die beiden eine innigliche Beziehung. Aber meine Mutter mochten sie nicht mehr leiden. Sie hatte unter der Konversion ihr ganzes

Leben lang zu leiden. Es gab nie eine offizielle Aussöhnung mit ihren Eltern, obwohl ich denke, dass meine Großeltern ihrer Tochter irgendwann verziehen haben.

In meinen Augen war meine Mutter eine ungemein starke Frau. Sie war unbeugsam, weil sie sich den Konventionen nicht unterwarf. Sie stand fest im Wind. Gleichzeitig macht es mich traurig zu sehen, wie sehr die Religion – und wir reden hier von zwei christlichen Amtskirchen – eine Familie entzweien kann. Ich habe das damals nicht verstanden und habe heute kein Verständnis dafür, dass Religionen sich über die Menschen erheben und über sie richten, und dabei spielt es keine Rolle, um welche Religion es sich handelt. Meine Mutter litt natürlich unter dieser Situation, ließ sich das aber nach außen hin nie anmerken.

Die evangelische Glaubensgemeinschaft in Landau wuchs zwar aufgrund der Vertriebenen, dennoch hatten wir kein eigenes Gotteshaus. Wir »durften« aber eine katholische Kirche, die Spitalkirche Heilig Geist am Spitalplatz, nutzen. Und hier setzt meine allererste konkrete Erinnerung als Kind ein, die übrigens intensiv mit einem bestimmten Duft zusammenhängt. Nach dem evangelischen Gottesdienst – auch nach jedem Kindergottesdienst – wurde die katholische Kirche mit Weihrauch ausgeräuchert, also gesäubert, so als müsse ein Kammerjäger den Raum von Ungezieferbefall reinigen. Das Ritual der Kirchenausräucherung war für mich ein Rätsel und ein echtes Kümmernis. Ich postierte mich am Kirchenportal und lugte ins Innere. Warum bloß liefen der Pfarrer und die Ministranten mit der Weihrauchampel herum? Was stank hier eigentlich so? Und was hatte das mit uns zu tun? Waren wir unrein? Das musste mir mal jemand erklären. Wann immer ich seitdem den Geruch von

Weihrauch in die Nase bekomme, ruft er sofort die Bilder von damals und die damit verbundenen traurigen Gefühle hervor.

Meine Spielkameraden waren fast ausschließlich katholisch, aber im Gegensatz zu den Erwachsenen spielte die Religionszugehörigkeit für sie eine untergeordnete Rolle. Eine Außenseiterin wurde ich trotzdem und zwar an dem Tag, an dem eines der Kinder zu mir »N*lein« sagte. Denn ich sah anders aus als die übrigen Kinder, hatte von Geburt an einen eher dunklen Teint, dazu dickes, schwarzes, lockiges Haar. Ob das N-Wort in dem Moment nur ein dummer Spaß oder schon boshaft gemeint war, kann ich nicht sagen. Tatsache war, dass dieser Begriff (in allen möglichen Variationen) schnell die Runde machte. Von da an war ich abgestempelt. Kam ich irgendwohin, riefen die Kinder schon von Weitem dieses Wort. Wenn ich im Gottesdienst mein Gesangbuch öffnete, fiel mir ein Zettel entgegen, auf dem jemand einen Reim geschrieben hatte, der mich verletzen sollte. Ich war nicht mehr »nur« das Kind von evangelischen Zugewanderten, jetzt ging auch noch das Gerücht um, meine Mutter hätte eine Affäre mit einem US-GI gehabt und ich wäre das Ergebnis dieser Liaison (was rechnerisch gar nicht hinkam, da zum Zeitpunkt meiner Zeugung noch kein US-Soldat deutschen Boden betreten hatte).

Wenn du spürst, dass die anderen Kinder plötzlich nichts mehr mit dir zu tun haben wollen, weil du »anders« bist, wie gehst du damit um? Ziehst du dich zurück, machst du dich klein, zerbrichst du daran? Noch einmal ein Brückenschlag in die Gegenwart. Durch unsere Arbeit an den Schulen kenne ich viele Geschichten von Mädchen und Jungen, die, aus welchen Gründen auch immer, ausgegrenzt werden, die körperliche, psychische, aber auch verbale Gewalt erfahren. Man darf die Wirkung von Sprache niemals unterschätzen. Worte sind Waffen.

Meine Reaktion auf die Ausgrenzung war: Jetzt erst recht, ihr könnt mich mal. Mich den anderen zu unterwerfen, kam mir jedenfalls nie in den Sinn. Ich spürte solch eine Wut in mir, die mir gleichzeitig Kraft gab. Ich wollte mir das nicht gefallen lassen, sah mich nicht in der Opferrolle. Anstatt mich zu verstecken, wenn man mich auslachte, habe ich mich verteidigt, um mich getreten und auch schon mal geschlagen. Euch zahle ich es heim, wartet ab, ihr kriegt alles zurück! Damals ist etwas Entscheidendes passiert. Ich fing an, mir selbst meine beste Freundin zu werden. Woher ich die Kraft dazu nahm, ist mir bis heute schleierhaft. Sicherlich war es Veranlagung, vielleicht war aber auch meine Mutter, die selbst viele Anfeindungen aushalten musste, unbewusst eine Leitfigur.

Das hört sich jetzt stark und wohldurchdacht an, aber es war keine Situation, in die ich mich freiwillig hineinbegeben hatte. Wie wäre ich geworden, wenn ich mich unterworfen und angepasst hätte? Wäre ich später eine andere gewesen? Hätte ich im Erwachsenenleben weniger Mut gehabt? Die kleine Rebellin ist damals zum Leben erwacht, und sie machte den anderen Kindern, meinen Eltern, den Lehrern das Leben immer ein bisschen schwer. Und daran hatte ich klammheimlich auch meine Freude.

Meine Geschwister waren aus Sicht meiner Eltern deutlich pflegeleichter als ich. Meine älteste Schwester Sigrid hatte auch eine renitente Ader, Heidi und Gerhard dagegen so gar nicht. Bei mir hieß es immer: Du wärst eh besser ein Bub geworden. Eine wichtige Bezugsperson in dieser Zeit war für mich unsere Nachbarin, die taffe Frau Berleb. Sie hatte einen eigenen Schuhladen, war Mutter von zwei Töchtern und Ehefrau des Schusters in Landau. Mit ihrer toleranten Art hob sie sich von der Engstirnigkeit der Leute im Ort ab. Dass wir »Ketzer« waren, spielte für sie, eine Katholikin, zum Beispiel überhaupt keine Rolle. Mein größter Wunsch war es damals, nur ein einziges Mal bei einer Fronleichnamsprozession mitzugehen. So wie die anderen Mädchen in meinem Alter wollte ich in einem weißen Kleid mit einem Körbchen voller Blütenblätter dem Baldachin folgen, unter dem das Allerheiligste getragen wurde. Begleitet von feierlicher Musik, wollte ich die Blüten auf dem Weg der Prozession verstreuen. Diese kindliche Fantasie lag für eine Nicht-Katholikin im Bereich des Unmöglichen. Wäre da nicht Frau Berleb gewesen. Welche Strippen auch immer sie gezogen haben mochte, sie schaffte es, dass man mich teilnehmen ließ. »Die Uschi geht heuer mit«, bestimmte Frau Berleb. Widerspruch ließ sie nicht zu, und niemand traute sich, dieser resoluten Frau entgegenzutreten. Ich war so stolz an diesem Tag. Vielleicht weil es eines der wenigen Male war, dass ich mich zugehörig fühlte.

Als stadtbekannte Rebellin hatte ich auch in der Schule schon bald meinen Ruf weg. Die Lehrerschaft hatte wirklich darunter zu leiden. Mittlerweile hatte ich eine Clique gefunden, die mich cool fand, weil ich mich was traute. Meine drei engsten Verbündeten waren Uschi, Uschi und Uschi. Tatsächlich hießen meine besten Freundinnen genauso wie ich. Wir waren die vier Uschis. Allein, was sich daraus alles an Verwechslungen und Verwicklungen ergab, kann man sich ungefähr ausmalen. Wenn ich es darauf anlegte, konnte ich den Unterricht komplett ausbremsen, indem ich die Lehrer mit meinen Fragen nur so bombardierte: »Warum ist das so, ich will das jetzt wissen, begründen Sie das.« In dem Ton immer weiter, bis die Stunde rum war. Damit machte ich mich bei den Lehrern unbeliebt, war aber die Heldin der Klasse. Ich konnte es allerdings schon damals nicht leiden, wenn es ungerecht zuging, zum Beispiel wenn ein Mitschüler von einem Lehrer offensichtlich bevorzugt wurde. Oder wenn auf Schwächeren herumgehackt wurde, so etwas stachelte mich auf.

Eine großartige Lehrerin war Frau Dr. Füssl, streng, aber korrekt, sie gab niemandem den Vorzug. Man fühlte sich bei ihr gut aufgehoben, obwohl sie Disziplin verlangte. Autorität, gepaart mit Gerechtigkeit und Empathie – dieses Konzept funktioniert immer noch. Lehrer, die sich nicht durchsetzen konnten, standen hingegen auf verlorenem Posten und waren uns hilflos ausgeliefert. Unser Englischlehrer zum Beispiel, ein junger, noch unerfahrener Referendar, war der Schülermeute nicht gewachsen und wurde permanent getriezt. Einmal sperrten wir ihn zusammen mit uns im Klassenzimmer ein und warfen den Schlüssel aus dem Fenster. Und er stand da und rief verzweifelt: »Ich muss weg, ich verpasse meinen Bus.« Und wir voller Häme: »Musst halt den Hausmeister rufen.« Was für den Lehrer eine Schmach war, so vorm gesamten Kollegium bloßgestellt zu werden. Am übelsten mitgespielt haben wir unserer Kunstlehrerin Frau Hartmann, von ihr werde ich zu einem späteren Zeitpunkt berichten. Vielleicht ist es eine kleine Wiedergutmachung, dass ich sie mit meiner Rolle in *Fack ju Göhte* filmisch verewigte.

Aus dem Gefühl des Ausgegrenztseins entstand mein sturköpfiger Widerspruchsgeist, und daraus erwuchs mein

Gerechtigkeitssinn. Ich halte nichts von Protest des Protestes wegen, denn im Grunde liebe ich die Harmonie, ohne jedoch harmonie*süchtig* zu sein. Ich brauche eine innere Balance für mich, und wenn ich Missstimmungen wahrnehme, dann muss ich sie klar benennen. Dabei will ich gar nicht »die heilige Uschi« sein, die alles besser weiß und macht. Beides ist nicht der Fall. Auch ich kann ungerecht oder unfair gegenüber anderen sein, aus Unachtsamkeit oder weil ich schlecht drauf bin. Aber hinterher schäme ich mich, und am liebsten würde ich mich sofort für mein Verhalten entschuldigen, was natürlich nicht immer möglich ist. Ich mag mich dann selbst nicht leiden und weiß, meine abendliche Bilanz wird an dem Tag nicht gut ausfallen. Aber einfach fünfe gerade sein lassen, weil es besser passt, kann ich nicht, auch wenn ich damit alle an den Rand des Wahnsinns treibe. Wenn ich merke, da nutzt jemand seine Machtposition aus oder tritt auf Schwächeren herum, kann ich zur Furie werden. Wenn es um Kinder geht, erwacht bei mir sofort der Beschützerinstinkt – da bin ich dann gern die heilige Uschi. Schreit ein Erwachsener auf der Straße ein Kind an, kann ich nicht tatenlos weitergehen. Erst sage ich mir, es geht mich nichts an. Und dann: Du bist eine feige Nuss, wenn du nichts unternimmst. Also bleibe ich stehen und sage zu dem Erwachsenen laut und deutlich: »Geht's noch?« Die Leute sind dann völlig perplex, allein aufgrund der Tatsache, dass sich eine Fremde einmischt. Das reicht meistens schon aus.

Vieles würde vielleicht etwas besser laufen, wenn man sich gelegentlich in die Lage anderer Menschen hineinversetzen – oder es zumindest versuchen – würde. Um eine Haltung zu einem Thema zu finden, ob im Persönlichen, Beruflichen oder Politischen, höre ich mir gern gerade diejenigen an, die konträr zu dem stehen, was ich denke. Meine Mutter gab uns Kindern den weisen Ratschlag: »Setz dich auf die andere Seite des Tisches und betrachte die Dinge mal von dieser Seite.« Ich finde es langweilig, immer nur im eigenen Gewässer zu fischen, Medien zu konsumieren, die nur das verkünden, was ich eh per se für gut und richtig halte. Am Ende kann man sich entscheiden: Passt für mich oder passt halt nicht. Aber: Ob es Entscheidungen für Filmrollen waren oder der Entschluss, bei der Impfkampagne in der Coronazeit mitzumachen – nach reiflicher Überlegung und dem Abwägen von Argumenten ist es immer auch eine Portion Bauchgefühl, die für mich den Ausschlag gibt. Wie schon gesagt, ich war nie gut in etwas, wenn ich nicht davon überzeugt war, und wenn man mich doch gelegentlich zu etwas hat überreden können, haute das in der Regel nicht hin. Ich bin zwar Schauspielerin, aber ich kann mich nur schlecht verstellen.

Mutterkind

*V*ieles von dem, was meine Mutter uns vorlebte, hat mir später Orientierung gegeben. Das gilt bis heute. Sie war aber auch Vorbild in der Hinsicht, wie ich es nicht beziehungsweise *anders* machen wollte als sie. Es vergeht kein Tag, an dem ich nicht an meine Mutter denke oder mich ihr nahe fühle. Sie starb 1996 im Alter von 82 Jahren. Noch immer bekomme ich einen Kloß im Hals, wenn ich von ihr erzähle. Nach ihrem Tod dauerte es Jahre, bis ich nicht mehr reflexhaft zum Telefon griff, um sie anzurufen und um Rat zu fragen, wie ich es so oft und gern getan hatte. Und jedes Mal dann die Erkenntnis: Ach, Mutti, du bist nicht mehr da. Sie war mein Schutzwall, gab mir Halt und stand zu mir.

Die Beziehung zu meiner Mutter war immer enger, vertrauensvoller und intensiver als die zu meinem Vater, was meine Liebe zu ihm nicht schmälern soll. Vielleicht lag es daran, dass ich schon drei Jahre alt war, als mein Vater und ich uns zum ersten Mal begegneten, denn er kam erst 1947 aus französischer Kriegsgefangenschaft nach Hause. Möglicherweise fehlten unserem Vater-Tochter-Kapitel einfach diese Jahre und die vielen verpassten Gefühle. Mein Vater war ein ruhiger Mann, streng, *sehr* streng, wortkarg. Ganz anders als meine Mutter, die der wesentlich zugänglichere Elternteil war. Meistens fröhlich, niemals klagend, immer herzlich. Die Leere, die nach dem Bruch mit ihren Eltern entstanden war, füllte sie nach der Heirat mit hundertprozentiger Hingabe zu ihrer eigenen, neuen Familie.

Nach dem Krieg arbeitete mein Vater zunächst als Buchhalter bei Dynacord Funktechnik & Gerätebau in Landau. Sein Chef schenkte ihm als Gratifikation zu Weihnachten einen Fernseher. Für uns war das der pure Luxus. Nur, fernsehen konnten wir nicht, da das Geld für eine Antenne fehlte. Also blieb das Fernsehbild bei rauschendem Schnee. Stunden über Stunden saß ich vor dem Gerät, kippte, drehte, verschob den Fernseher von links nach rechts, von vorn nach hinten, versuchte sogar, aus einem Drahtbügel eine Antenne zu bauen. Es wollte mir nicht gelingen. Unser TV-Programm blieb ein einziges Schneegestöber.

Nach ein paar Jahren bei Dynacord fand mein Vater eine neue Anstellung als Buchhalter im 20 Kilometer entfernten Dingolfing bei einem Automobilhersteller namens Hans Glas GmbH (leider weder verwandt noch verschwägert), berühmt für seinen Hit, das Goggomobil (für die jüngeren Leserinnen und Leser: Es handelte sich um eine Art Smart der 50er-Jahre).

Das Gerücht, ich sei ein Spross der Unternehmerfamilie Glas und daher mit einem goldenen Löffel im Mund geboren, hielt sich wacker, auch nachdem ich schon längst als Schauspielerin arbeitete. Ein an sich netter Kollege verhielt sich mir gegenüber immer recht distanziert und mürrisch. Ich fragte mich, was er bloß gegen mich haben könnte. Bis ich eines Tages im Maskenraum zufällig mitanhörte, wie dieser Kollege in seiner typisch bayerischen Grantlhuberart zu einem anderem sagte: »Diese reiche Kuah, die kriegt den Kragen nicht voll, nimmt anderen nur den Platz weg.« Und er meinte damit mich! Das wollte ich natürlich nicht auf mir sitzen lassen und musste ihm erklären, dass ich zwar so heiße, die Familien aber nicht miteinander verwandt sind. Daraufhin entschuldigte er sich.

Viel Geld verdiente mein Vater als Buchhalter nicht, nach der Rückkehr aus der Kriegsgefangenschaft war er froh, überhaupt einen Job zu finden. Wir hatten unser Auskommen, große Sprünge waren jedoch nicht möglich. Anfangs wohnten wir in einer 55 Quadratmeter großen Wohnung am Spitalplatz, später in einer etwas größeren Wohnung in der oberen Stadt. Meine Mutter war diejenige, die zu Hause alles zusammenhielt. Jeden Tag vier Kinder und zwei Erwachsene zu bekochen und satt zu bekommen, war eine Herausforderung. Wie sehr sie aufs Geld achten musste, ließ sie sich nie anmerken. Dem stand ihr Stolz entgegen. Sie jonglierte die Probleme des Alltags meisterhaft. Den Haushalt zu führen, bedeutete: kochen, waschen, putzen, bügeln, Kleidung ausbessern (von Kind zu Kind wurde alles weiter- und aufgetragen, bis es nicht mehr zu retten war; gleichwohl waren wir immer ordentlich und sauber angezogen), alles per Hand, ohne den Luxus moderner Technik (man rechne zusammen, wie viel Wäsche und schmutziges Geschirr sechs Personen jeden Tag produzieren), dabei auch noch für gute Laune sorgen. Angesichts dieses Pensums verging der Tag wie im Flug. Ich kann mich nicht daran erinnern, dass meine Mutter jemals einfach nichts getan hätte, und ich glaube, sie hätte uns für verrückt erklärt, wenn wir zu ihr gesagt hätten: »Mutti, jetzt leg mal die Füße hoch und kümmere dich nur um dich.« Mein Vater kam abends vom Job und setzte sich an den gedeckten Tisch. Hausarbeit als Mann? No way! Für uns Kinder galt übrigens: Wer nicht rechtzeitig flüchtete, wurde eingespannt. Allein die schweren nassen, frisch gewaschenen

Bettlaken aus Leinen auszuwringen, war eine Heidenarbeit, um die wir uns gern drückten. Ich wurde öfters zum Schuheputzen verdonnert – sechs Paare, zwölf Schuhe! Aus Protest und Faulheit putzte ich sie nur vorn. Mein Vater ermahnte mich: Schuhe müsse man von hinten putzen, denn da schaue man drauf. Von da an putzte ich sie nur noch von hinten, was aber auch nicht besonders gut ankam …

Es gab einen Ort, der, wenn auch mit Arbeit verbunden, meiner Mutter so etwas wie Ruhe und Andacht brachte. Ihr Garten. Dank ihres grünen Daumens waren wir quasi Selbstversorger. Meine Mutter war Biogärtnerin und Expertin für Nachhaltigkeit in einer Zeit, in der man den Begriff so noch nicht verwendete. Sie wusste haargenau, wann sie was anzupflanzen hatte, um es dann und dann zu ernten. Durch die Jahreszeiten hinweg war sie in ihrem Garten beschäftigt. Was sich nicht züchten ließ, wie Pilze und Beeren, wurde im Wald oder auf den Wiesen in unserer Umgebung gesucht und gesammelt. Im Winter kam auf den Tisch, was meine Mutter in den Monaten zuvor getrocknet, eingelagert und eingeweckt hatte. Der Garten hinter unserem Haus, das kann man nicht besser sagen, war Mutters kleines Paradies. Den grünen Daumen habe ich von ihr leider nicht geerbt (er hat aber eine Generation übersprungen und ist bei meiner Tochter Julia in Erscheinung getreten). Mein Talent für Florales beschränkt sich aufs Arrangieren von Schnittblumen.

Meistens hat meine Mutter auch unser Brot gebacken. Ich war überglücklich, wenn ich gelegentlich beim Bäcker einkaufen durfte, so wie die anderen Leute auch. Dann fühlte ich mich richtig cool. Fleisch kam einmal in der Woche auf den Tisch. Für mehr reichte das Gehalt meines Vaters nicht aus. Unsere Ernährung war für heutige Verhältnisse sehr angesagt: vitamin- und nährstoffreich, ökologisch, regional und saisonal, fleischarm. Kinder wissen so etwas nicht zu schätzen. Ich war immerhin die Enkelin eines Metzgermeisters. Da kam es mir gerade recht, wenn mich Frau Berleb, die mich ins Herz geschlossen hatte, zum Mittagessen einlud, was zu meiner großen Begeisterung häufig der Fall war. In meiner Erinnerung gab es bei den Berlebs immer nur Schweinsbraten, Semmelknödel und Sauerkraut (womit ich Frau Berleb sicherlich unrecht tue, denn so einseitig wird sie ihre Töchter nicht bekocht haben). Für Frau Berlebs Braten wäre ich jedenfalls durchs Feuer gegangen. Es kam vor, dass ich an einem Tag gleich zweimal zu Mittag aß: zuerst heimlich bei Frau Berleb, anschließend bei meiner Mutter, die nicht mitbekommen sollte, wenn ich mal wieder fremdgegangen war.

Irgendwann in meiner Kindheit entwickelte ich eine Lust daran, in verschiedene Rollen zu schlüpfen. Von der Vorstellung, einmal Schauspielerin zu sein, war das noch weit entfernt. Allein die Idee war völlig absurd. Ich wusste nur, dass mich Filme und Geschichten faszinierten. Weil mein Taschengeld nicht ausreichte, um ins Kino zu gehen (für meinen Vater reine Geld- und Zeitverschwendung), schlich ich mich im einzigen Lichtspielhaus in Landau an der Kasse vorbei, wo die Besitzerin Frau Vilsmaier saß, und versteckte mich hinter einem roten Samtvorhang. Sobald der Saal abgedunkelt und die ersten Bilder auf der Leinwand zu sehen waren, spürte ich Magie. Ich könnte jetzt keinen Film oder Schauspieler hervorheben, die mir damals besonders gefielen. Später imponierten mir Brigitte Bardot und Audrey Hepburn. Ich träumte davon, eine Figur wie die Hepburn zu haben (denn ich war nicht immer so schlank). Ich denke,

Frau Vilsmaier wusste ganz genau, wenn ich mich mal wieder in ihr Kino hineingeschmuggelt hatte. Aber sie ließ mich gewähren.

Frau Berleb war es, der ich meine erste »kleine Schauspielrolle« zu verdanken habe. Der Nikolaustag stand vor der Tür, aber keiner der Männer, die üblicherweise als Nikolaus verkleidet die Töchter von Frau Berleb besuchten, hatte in diesem Jahr Zeit. »Kann ich doch machen«, schlug ich Frau Berleb forsch vor. Sie hatte nichts dagegen. »Warum nicht?!« Bei uns auf dem Dachboden fand ich einen ollen Mantel und eine noch ollere Fellmütze, dazu setzte ich mir eine Sonnenbrille auf und marschierte in dieser Aufmachung nach nebenan zu den Berlebs. Traudl und Inge, beide etwa in meinem Alter, saßen schon in der düsteren Wohnküche in freudiger Erwartung des Nikolaus. Ich stolzierte hinein, las den beiden die Leviten, verteilte zwei Bonbons, denn mehr hatte ich nicht dabei, und war mir sicher, die beiden wussten längst, dass ich es war, die hier ihre Show abzog. »Ah geh! Bist die Uschi, hör mir auf, du!« Stattdessen schauten sie mich ehrfurchtsvoll an, ich glaube, sie fürchteten sich wirklich ein bisschen vor mir. Ich zog ab, ohne mich zu erkennen zu geben. Später am Abend erfuhr ich zu meiner Riesenfreude, dass ich Traudl und Inge hinters Licht geführt hatte.

Ach, Frau Berleb! Wenn ich sie heute treffen würde, wäre es mir ein Bedürfnis, ihr einfach Danke zu sagen. Nicht allein, weil sie an Fronleichnam meinen Traum wahr werden ließ oder mich jahrelang kulinarisch verwöhnte, in ihrer Person erlebte ich auch zum ersten Mal eine echte Geschäftsfrau. Meine Mutter war die Managerin unserer Familie, Frau Berleb die ihres eigenen Schuhladens (neben ihrer Rolle als Mutter). Alles im Klein-Klein natürlich, aber das Geschäft war ihr alleiniges Revier. Hinter dem Schuhladen am Spital-platz arbeitete Herr Berleb in seiner Schusterwerkstatt, wo es herrlich nach Leim und Leder roch. Im selben Haus wohnte auch die Familie. Manchmal durfte ich Frau Berleb im Verkauf aushelfen. Die Gespräche mit Kundinnen, ihnen Tipps zu geben, was modisch gerade angesagt war, und am Ende ein Paar Schuhe zu verkaufen, das machte mir unheimlich Spaß, immerhin so sehr, dass ich 1970 einen Kindermodeladen in bester Münchner Innenstadtlage eröffnete.

Wenn ich diese beiden Frauen nebeneinander sah, meine Mutter auf der einen, unsere Nachbarin auf der anderen Seite, wurde mir eines klar: Ich wollte später so selbstständig leben wie Frau Berleb. Mein eigenes Geld verdienen, unabhängig sein, Karriere machen und niemals, wirklich niemals, auf einen Mann angewiesen sein. Dieser Gedanke zog sich durch alle meine Überlegungen, wie es für mich nach der Schule weitergehen könnte. Ich habe meine Mutter verehrt und erst im Laufe der Zeit, sehr viel später, begriffen, was sie alles geleistet hat. Meine Eltern heirateten, es kam das erste Kind, dann brach der Krieg aus, bald folgte Kind Nummer zwei, Nummer drei und Nummer vier. Selbst wenn meine Mutter hätte arbeiten wollen, wie hätte das funktionieren sollen? Neben Haushalt, Kindererziehung und Gartenarbeit betreute sie die Jugendgruppe der evangelischen Gemeinde und fuhr mit uns und den anderen Kindern manchmal ins Ferienheim. Da zeigte sich wieder ihr Talent, zu organisieren und zu improvisieren.

Sie hatte Freude an Unternehmungen mit den Kindern, das änderte aber nichts an der Tatsache, dass sie finanziell auf meinen Vater angewiesen war. Am Monatsanfang gab er ihr Haushaltsgeld, und damit musste sie dann über die Runden kommen. Einmal sah ich meine Mutter in Tränen aufgelöst, weil das Haushaltsgeld schon Mitte des Monats aufgebraucht war und sie nicht mehr weiterwusste. Brauchte sie mehr Geld, musste sie meinen Vater darum bitten. Wollte sie sich zum Beispiel einen neuen Schal kaufen, ging sie zu meinem Vater. Damals schwor ich mir: Ich verdiene *mein* Geld und kaufe mir einen Schal, wann immer ich einen möchte. Und wenn ich einen Mann kennenlerne, der mir gefällt und dem ich gefalle, werde ich trotzdem selbstständig bleiben. Dass der Mann im Haus für die Finanzen zuständig ist, war für meine Mutter normal, so wie für viele andere Frauen in dieser Zeit, aber mir war klar: Was für die anderen normal war, würde nicht für mich gelten.

Die lebenslustige Josefa und der in sich gekehrte Christian, zwei so unterschiedliche Charakterköpfe – doch wie so oft im Leben war gerade diese Verbindung eine große Romanze. Die beiden haben sich abgöttisch geliebt. Mein Vater hing sehr an meiner Mutter. Und meiner Mutter, dieser zarten Frau, tat der große, stattliche Mann gut. Meine Eltern haben sich selbst im Streit niemals böse Worte an den Kopf geworfen oder sich angeschrien. Sie gingen immer respektvoll miteinander um – bis ins hohe Alter. So etwas prägt dich als Kind. Das Beispiel meiner Eltern vor Augen, träumte auch ich von einer Partnerschaft, die ein Leben lang Bestand hat. Dass es nicht hat sein sollen, empfand ich als mein größtes persönliches Scheitern.

Von einer besonderen Eigenschaft meiner Mutter möchte ich noch erzählen. Trotz der klammen Haushaltskasse und der vielen Arbeit legte meine Mutter auf eines großen Wert: Wenn gegessen wurde, gab es immer drei Gänge. Vorspeise (meistens ein dünnes Süppchen), Hauptgang (in der Regel eine Mehlspeise, selten Fisch oder Fleisch, freitags Spinat mit Spiegelei) und Dessert (Früchte, Obst, Pudding). Niemals, aber wirklich niemals wich meine Mutter von dieser eisernen Regel ab. Und obwohl wir schon zu sechst waren, gab es an unserem Esstisch immer Platz für Besuch, für andere Kinder, Bekannte, Verwandte, Nachbarn. Andere teilhaben zu lassen, die noch weniger besaßen als wir, und sie einzubeziehen in unsere Gemeinschaft, war ein wesentlicher Grundsatz meiner Mutter. »Komm rein, geht schon. Wir rücken zusammen.« In diesen Momenten blühte sie auf. Uns Kindern lebte sie auf diese unaufgeregte Art vor, was Nächstenliebe ganz alltäglich und fast wie nebensächlich bedeutet und dass es eine Selbstverständlichkeit ist, Verantwortung für andere zu übernehmen. Zusammenrücken ohne viel Getue.

Um wieder etwas weniger pathetisch zu werden: Noch etwas anderes ist mir aus meiner Kindheit geblieben. Dank meiner Mutter war Essen für mich immer mehr als bloße Nahrungsaufnahme, es ist ein Genussritual, für das man sich Zeit nimmt. Selbst wenn ich allein zu Hause bin, würde ich mir niemals mal eben schnell einen Happen aus dem Kühlschrank in den Mund stopfen, nur um satt zu werden. Stattdessen decke ich in aller Ruhe den Tisch, setze mich hin, esse, trinke und genieße (allerdings müssen es nicht drei Gänge sein).

Das Schweigen meines Vaters

*N*icht dass der Eindruck entsteht, nur mein Vater sei mein Prellbock gewesen: In meiner sehr rebellischen Phase – man nennt das Pubertät – hatte auch meine Mutter unter meiner Borstigkeit zu leiden. Auch ihr gegenüber konnte ich laut, renitent und unflätig sein. Es kam vor, dass ich so laut und fest mit den Türen knallte, dass man glaubte, gleich fällt das Haus zusammen. Meine Mutter ertrug alles – also mich – mit einer stoischen Ruhe. Das kommt und geht vorbei, wird sie gedacht haben. Und hatte recht.

Mein Vater hatte immer das letzte Wort. Das wurde von allen in der Familie respektiert, außer von mir. Wenn er sagte: »Jetzt ist Schluss!«, stachelte mich das nur an. In dem Moment ging für mich die Diskussion erst richtig los. Ich konnte nicht schweigend hinnehmen, wenn er das letzte Wort für sich beanspruchte. Unsere Gefechte beim Essen endeten meistens so, dass ich an den Katzentisch verbannt wurde. Was ein trügerischer Sieg für meinen Vater war. Aber auch wenn ich den Mund erst mal hielt, arbeitete es in mir weiter. Warte nur ab, dachte ich. Die Gedanken sind frei, ich kann mir denken, was ich will. So, Punkt.

Meine Geschwister waren klüger, möglicherweise diplomatischer als ich und reizten unseren Vater nicht bis aufs Blut. Das »Standing« von uns vieren innerhalb der Familie war differenziert. Siggi als Erstgeborene war Papas Liebling.

Gerhard, dem einzigen Sohn, wurde qua seines Geschlechts mehr erlaubt und zugetraut als seinen Schwestern. Und dann kam mittendrin die Heidi, die Musische und Vermittelnde von uns vieren, und irgendwann auch noch – zu allem Überfluss – das Zwergerl.

Bei aller Strenge und Härte hatte mein Vater eine große Liebe für seine vier Kinder und opferte sich auf, um uns einen guten Start ins Leben zu ermöglichen. Zumindest für einen Start, wie *er* sich ihn vorstellte. Aber ich glaube heute, das Leben, das er führte, war letztlich auch nicht das, was er für sich erträumt hatte. Er kam 1913 im fränkischen Treuchtlingen zur Welt, begann eine Beamtenlaufbahn, arbeitete bald schon als Stadtkämmerer in Hof und wurde nach Landau an der Isar aufs Amt versetzt.

Der Beruf sicherte sein Auskommen, aber seine Leidenschaft galt der Kunst. Mein Vater hat immer gemalt: Häuser, Landschaften, Stillleben, wunderschöne Bilder. Wahrscheinlich war es niemals sein Lebensplan gewesen, Vater von vier Kindern zu werden, die er mit der Malerei niemals hätte ernähren können. Aber nun waren diese vier Kinder halt da (was auch die Folge nicht vorhandener Verhütung in dieser Zeit war), und er ergab sich in sein Schicksal. Er war tüchtig und fleißig und erfüllte die Erwartungen, die man an ihn stellte. Aber war er ein glücklicher Mensch? Daran habe ich meine Zweifel.

Die Kunst blieb sein Hobby. Zum Malen zog er sich zurück. Wenn er sich über seinen Zeichenblock beugte, schien er völlig in sich versunken. Ein ganz anderer Mensch. Mein Vater hatte eine liebevolle, gutmütige Seite und einen guten Humor, aber als Erzieher seiner Kinder kehrte er den harten, unnachgiebigen Mann heraus. Aus seiner Sicht lauerten für seine drei Töchter (nicht den Sohn!) überall Gefahren, vor denen er uns bewahren musste. Seine ständige Sorge, gerade ich, die Jüngste, würde ohne ihn auf die schiefe Bahn geraten, machte mich wahnsinnig, weil sie mich einengte und beschränkte. Jeder Tropfen konnte das Fass zum Überlaufen bringen und einen Streit auslösen. Ich weiß noch, dass es irgendwann modern war, sich die Lippen hell zu schminken. Alle weiblichen Filmstars trugen weißen Lippenstift. Mangels Lippenstift (zu teuer, nicht erlaubt) schmierte ich mir Penaten-Creme auf die Lippen. »Uschi, wenn du wüsstest, wie hässlich du aussiehst«, blaffte mein Vater mich an, als er mich sah. Mein Gott, was war ich wütend auf ihn. Dieser Typ, der wusste doch gar nichts über mich. Ich schmierte mir die Penaten-Creme noch mal doppelt so dick auf die Lippen. Wahrscheinlich sah ich wirklich bescheuert aus. Einmal kam meine älteste Schwester zu Besuch nach Landau, sie wohnte damals schon in München. Sigrid trug rote Strümpfe. Unser Vater flippte aus, wie ich es selten erlebt hatte. Siggi war geschockt und sprachlos. Ich verteidigte sie: »Das gehört sich so, in München trägt man das.« – »Wurscht, wie man in München rumläuft, du ziehst sofort diese roten Strümpfe aus!«, brüllte er. Sie zog sie aus – unter Tränen.

So wie meine Schwester wollte auch ich irgendwann nach München ziehen, weg von Landau, weg von meinem Vater, und in die große Stadt und dort versuchen, mir meine Träume zu erfüllen, zum Beispiel Schauspielerin zu werden. Langsam reifte diese Idee in mir. Aber sie umzusetzen, war weiterhin ein Ding der Unmöglichkeit. Heimlich hatte ich mir im Laufe der Jahre Reclam-Hefte mit Theaterstücken gekauft, die klassischen Dramen, Goethe, Schiller usw. Das Geld hatte ich mir vom Munde abgespart. Ich lernte die Texte auswendig, übte sie zu sprechen, nur für mich, denn ich wollte herausfinden, ob ich das konnte. Die Reclam-Hefte versteckte ich im Schrank unter den Pullovern und hütete sie wie einen Schatz. Man könnte denken, gerade weil mein Vater selbst gern Künstler geworden wäre, hätte er für die Ambitionen seiner Tochter ein gewisses Verständnis. Dem war nicht so, im Gegenteil. Also diskutierte ich erst gar nicht mit ihm darüber.

Ab meinem 15., 16. Lebensjahr drehten sich unsere Diskussionen nicht mehr nur um Erziehungsthemen, sie wurden zunehmend politischer. Mein Vater war eingefleischter Sozialdemokrat und gewerkschaftlich organisiert. Ob er sich auch schon in den 20er- und 30er-Jahren in dieser Richtung engagiert hatte, hätte mich interessiert, habe ich aber nie erfahren. Als SPD-Parteimitglied besuchte er regelmäßig Veranstaltungen des Bezirksverbands. »Du und deine Parteivereinshuberei, immer schön im Gleichschritt marschieren«, zog ich ihn auf. Mir war klar, dass ich ihn damit provozierte. Ich konnte seinen Parolen aber einfach nichts abgewinnen. Für ihn waren die Vermögenden (und das waren im Grunde alle, die mehr Geld hatten als wir) der Klassenfeind. »Denen muss man das Geld wegnehmen, dann hätten wir auch endlich was«, sagte er. Mir missfiel der Neidgedanke, der immer in diesen Worten mitschwang. »Und wie wäre es stattdessen mit selber machen?«, fragte ich. »Nur über die anderen meckern bringt uns auch nicht weiter.« Er schimpfte weiter über »die da oben«. Eine Schulfreundin, die im Tennisclub in Dingolfing spielte, brachte mich in Kontakt mit dem Tennissport. Meinem Vater stellten sich die Nackenhaare auf, als er das mitbekam, und er wollte mir tatsächlich verbieten, Tennis zu spielen. »Wir gehören nicht zu denen«, sagte er ernsthaft. Tennis war für ihn der Sport des Klassenfeindes! Ich wurde eine begeisterte Tennisspielerin.

Wenn ich es zu etwas bringen wollte, musste ich mir selbst helfen. Das war mir von Anfang an klar. Auf meinen Vater konnte ich nicht setzen. Ich wollte auch nicht dem Wohlwollen von Behörden ausgeliefert sein, geschweige denn darauf warten, dass ein Mann ankam und sagte: »Na, du süßes Hascherl, soll ich mich um dich kümmern?« Ich war verantwortlich für mich selbst. Nachdem ich 1960 in Landau die Mittlere Reife gemacht hatte, wäre ich gern weiter aufs Gymnasium gegangen, um später Architektur zu studieren. Ich war ganz gut in Mathematik. Alles, was mit Technik zu tun hatte, lag mir. »Kommt nicht infrage. Du bist viel zu hübsch«, sagte mein Vater. »Du heiratest eh mit 24, und damit hat sich der Salat.« Was sollte man da noch widersprechen, ich wusste es ja besser. Vater, ich nicht, dachte ich, denn die Gedanken waren ja frei. Diese Einstellung meines Vaters war nichts Außergewöhnliches. Warum der Tochter eine teure Ausbildung finanzieren? Die heiratet sowieso, wird Hausfrau und Mutter, und das schöne Geld ist zum Fenster rausgeschmissen. Ein Hoch auf die 50er-Jahre!

Mein Plan, aufs Gymnasium zu gehen, scheiterte aber schon daran, dass das nächste Gymnasium im 50 Kilometer entfernten Landshut war. Die tägliche Bahnfahrt wäre zu weit und zu teuer gewesen. 50 Kilometer, heute lächerlich, damals aber eine kleine Weltreise. Stattdessen begann ich eine Ausbildung zur technischen Zeichnerin in einem Architekturbüro, die ich aber nicht abschloss, weil ich mit meinen Eltern nach Dingolfing zog. Meine Geschwister waren zu dem Zeitpunkt schon aus dem Haus. Für meinen Vater entfiel durch den Umzug die tägliche Pendelei zur Hans Glas GmbH. Ich selbst fand schnell eine Anstellung in Dingolfing. Mein erster richtiger Job, bei einer Firma namens Maschinen Bayer, die in erster Linie Elektrogeräte wie Kühlschränke, Gefriertruhen, Küchenherde und Nähmaschinen verkaufte und bald auch landwirtschaftliche Geräte wie Melkmaschinen.

Bei der Durchsicht meines Archivs fiel mir ein Ordner in die Hände, an den ich lange nicht mehr gedacht hatte. Er trägt die Aufschrift »Korrespondenz«, darin sind die Briefe meines Vaters abgelegt, die er während des Krieges an meine Mutter und uns Kinder geschickt hatte. Im April 1943 schrieb er eine Postkarte aus Paris. Die französische Hauptstadt war seit 1940 von der deutschen Wehrmacht besetzt. Die Zeilen meines Vaters zeugen von einer trügerischen Normalität mitten im Kriegsgeschehen.

»*Mein liebes Pepilein!*«, schrieb mein Vater an meine Mutter. »*Gestern bin ich hier angekommen (…) Ich hoffe, Ostern bei Dir sein zu können. Grüß Sigridlein schön von mir! Zu ihrem Geburtstag kann ich nun leider nichts schicken. Vielleicht aber treibe ich hier etwas Schönes auf (…) Heute Nachmittag wollen wir ein Stück Paris erleben. Vorerst bin ich noch enttäuscht (…) Für heute herzliche Grüße.*«

Nur wenig ist darüber bekannt, was mein Vater im Zweiten Weltkrieg an der Front erlebt hatte. Seine Briefe und Karten geben kaum Auskunft darüber, was auch der Zensur der Feldpost geschuldet ist. Ich hatte ein großes Bedürfnis, mit meinem Vater über diese Jahre zu sprechen. Er war 1939 eingezogen worden, gerade 26 Jahre alt war er gewesen. 26 Jahre! Er kämpfte an der Westfront, in Frankreich, wo genau, weiß ich nicht, und kam irgendwann in Kriegsgefangenschaft. 1947 kehrte er heim. An diesen Tag erinnere ich mich bruchstückhaft. Ich weiß, dass ich mich unter unserem Küchentisch versteckte, als dieser Riesenmensch ins Zimmer trat, weil er mir Angst machte. Wer war der Fremde, was wollte er bei uns? Meine Mutter und wir, ihre vier Kinder, waren doch eine eingeschworene Gemeinschaft. Meine älteren Geschwister kannten ihn natürlich und freuten sich, dass Papa nach Hause kam. Ich aber dachte: Wir brauchen niemanden. Wie schwer muss es für meinen Vater gewesen sein, als er nach den Erfahrungen von Krieg und Gefangenschaft nach Hause kam und von der jüngsten Tochter misstrauisch beäugt wurde.

Motiviert durch den Schulunterricht über die NS-Verbrechen, fing ich an, ihn mit Fragen zu löchern. Ich wollte von meinem Vater Dinge wissen wie: »Wie hast du dich unter den Nazis verhalten?«, »Bist du selbst einer gewesen oder warst du ›nur‹ ein Mitläufer?«, »Wie sind die Verbrechen an den Juden möglich gewesen?«, »Wusstet ihr denn wirklich nichts davon oder habt ihr weggesehen?« Und was hatte mein Vater im Krieg getan? Welche Gräuel hatte er gesehen oder verübt? War er Täter, war er Opfer? Ich hatte so viele Fragen an ihn, aber er blockte alle ab. »Lass mich in Ruhe, ich will nicht darüber reden«, sagte er jedes Mal, wenn ich das Thema ansprach, als würde ein schwerer schwarzer Vorhang heruntergelassen. Immer wieder versuchte ich es und ließ nicht locker, denn ich wollte ihn unbedingt so weit kriegen, dass er endlich darüber sprach. Daraus entstanden Auseinandersetzungen, die nicht schön endeten. Selbst als ich schon aus Landau weggezogen war und aus München zu Besuch kam, ließ mich dieses Thema nicht los. Nach jedem Streit fuhr ich frustriert wieder weg. Ich wollte kein Geständnis von ihm

48

hören, aber ich wollte wenigstens verstehen. Aber das war nicht möglich. Er schwieg und verließ den Raum. Nur ein einziges Mal kam eine andere Reaktion von ihm. Da schaute er mich an und sagte: »Du hast ja keine Ahnung.«

Erst Jahre später hörte ich damit auf, die immer selben Fragen zu stellen, und schloss Frieden mit meinem Vater, weil mir bewusst geworden war: Er wird niemals darüber sprechen, weil er es einfach nicht kann. Fast hatte ich Mitleid mit ihm. Vielleicht ist »Mitleid« das falsche Wort, »Mitgefühl« trifft es besser. Er war in einen Krieg hineingeworfen worden, den er nicht gewollt hatte, und nichts von dem, was er sich für sein Leben erträumt hatte, spielte von da an noch eine Rolle. Dann kam er – vermutlich traumatisiert – nach Hause, hatte vier Kinder, für die er sorgen musste, und eines Tages fing seine jüngste Tochter an, ihn auszufragen und anzuklagen. Denn so muss er es empfunden haben. Ich habe das tief sitzende Gefühl, dass mein Vater kein schlechter Mensch war, vielleicht ein Mitläufer in den 30er-Jahren, einer, der den Weg des geringsten Widerstands gegangen war. Das hoffe ich zumindest, aber ich weiß es letztlich nicht. Sein Schweigen war das Schweigen einer ganzen Generation. Ich wollte nicht heimkommen und jedes Mal in Wut die Türen zuknallen, wenn ich wieder abfuhr. So konnte es nicht weitergehen. Ich lernte, meinen Vater und meine Mutter, mit der ich immer gut ausgekommen war, so zu nehmen, wie sie waren.

Heute, in einer Zeit, in der vieles wieder infrage steht, würde es mich mehr denn je interessieren, wann meine Eltern erkannten, dass sie auf einen Abgrund zusteuerten. Oder ob es ihnen überhaupt je bewusst geworden ist. Der Weg wird immer schmaler, und irgendwann ist es zu spät, um umzukehren.

Nomen est omen?

*B*in ich so, wie ich heiße? Oder heiße ich so, wie ich bin? Unsere Familie zeichnet eine kleine Obsession mit Vornamen aus. Ausgelöst durch das Namens-»Trauma« meiner Mutter.

Ihre Eltern, das schwäbische Metzgerehepaar Kreszentia und Josef Wenger aus Nordendorf, tauften meine Mutter nämlich auf den schönen, symbolvollen Namen Josefa. Sie war die Erstgeborene, unerwarteterweise ein Mädel, man hatte mit einem Josef gerechnet. Warum einen neuen Namen überlegen, wenn man dem Josef einfach ein »a« anhängen kann? Nur leider verabscheute meine Mutter ihren Namen von klein auf. Niemand durfte sie Josefa nennen. Der Vorname Josef erlaubt zum Glück eine Reihe von Abwandlungen. So sagt man im Schwabenländle und in Bayern Bepperl. Mein Vater, der als Christian immer nur der Christian war, nannte meine Mutter also Bepperl, Pepslein oder Pepilein. Das mochte sie auch nicht hören, war aber immer noch besser als Josefa. Wenn wir Kinder unsere Mutter ärgern wollten, riefen wir: »Hallo, Mama! Josefa, bist du da?«

Ich selbst wurde auf die Namen Helga Ursula getauft. So steht es in meinem Personalausweis. Anfangs nannten mich meine Eltern Helga, bis meine Mutter eines Tages zu meinem Vater sagte: »Christian, sie ist keine Helga.« Woher auch immer diese plötzliche Erkenntnis kam. Wie stellte sie sich eine Helga denn vor? Vielleicht braver und pflegeleichter, zumindest nicht so trotzig, wie ich es war. Meine Mutter war heilfroh, dass man mir in weiser Voraussicht einen Alternativnamen mitgegeben hatte. Von da an war ich die Ursula. »Ach, ich weiß nicht«, sagte meine Mutter jedoch schon wieder nach einer Weile, »eine Ursula ist sie irgendwie auch nicht.« So wurde ich zu Uschi und die blieb ich bekanntermaßen. Meine Geschwister allerdings nannten mich Ulla. Aber wenn es ernst und ich zur »Uuursula« wurde, da wusste ich: Jetzt fällt der Watschnbaum glei um.

Um bei den eigenen Kindern nicht in die gleiche Bredouille zu kommen, gaben wir ihnen jeweils gleich drei Vornamen. Mein Mann und ich dachten: lieber die Qual der Wahl als ein Leben lang an einen unliebsamen Namen gefesselt wie meine Mutter. Unseren Erstgeborenen (Jahrgang 1976) nannten wir Benjamin Matthias Christian. Ihm folgte sechs Jahre später Alexander Christoph Paul. Der Namensteil Paul kam auf Wunsch von Benjamin zustande, weil sein damaliger bester Freund so hieß. Und Julia heißt Julia Anna-Maria Sylvia. Theoretisch hätte meine Tochter also die Wahl zwischen vier Namen. Und jetzt verrate ich, wie es dazu kam: Ich habe immer gewusst, wenn ich eine Tochter bekomme, soll sie Anna-Maria heißen. Und dann kam Julia zur Welt, ich schaute sie an und sagte zu meinem Mann: »Sie ist keine Anna-Maria.« Wie hatte ich mir eine Anna-Maria vorgestellt? Vielleicht ein bisschen heilig oder würdevoll. Sie aber hatte eine freche Nase und war unheimlich süß. Welcher Name aber passte zu unserer Tochter? Und dann ist mir Julia eingefallen. Anna-Maria behielten wir trotzdem bei, und da Julia am Silvestertag geboren wurde, hängten wir ihr noch eine Sylvia hintendran.

Julia? Anna-Maria? Sylvia? Wer sich ein bisserl mit meiner Filmografie auskennt, wird ahnen, was jetzt kommt.

Erstens Julia: Drei Jahre nach der Geburt unserer Tochter begannen die Dreharbeiten für die TV-Serie *Zwei Münchner in Hamburg*, in der ich 37 Folgen lang an der Seite des wunderbaren Elmar Wepper spielte. Meine Rolle war die einer erfolgreichen Bankerin namens Walburga Heininger. Walburga? Nein, passt ja gar nicht, dachte ich und sagte das auch dem Produzenten Markus Trebitsch. »Ja, wenn Ihnen der Name nicht gefällt, wie nennen wir Sie denn stattdessen?«, fragte er mich. »Julia«, sagte ich spontan, »Julia wäre ein schöner Name.« Damit war Julia Heiniger, später Julia Sagerer, »geboren«, und sie wurde für manch Zuschauerin zu einem Vorbild, wie ich Jahre später erfuhr (dazu komme ich noch). Als ich das verlockende Angebot für *Zwei Münchner* erhielt, stand ich vor dem Problem, dass ich wegen meiner Kinder nicht für längere Zeit von München weg sein wollte. Ich fragte Markus Trebitsch, ob es nicht möglich sei, nur die Außenaufnahmen in Hamburg zu drehen, sodass ich nie länger als drei Tage am Stück von zu Hause fort sein müsste. Die Innenaufnahmen könnten wir doch in München drehen. Markus Trebitsch war anfangs skeptisch, ließ sich aber auf den Kompromiss ein. Ansonsten hätte ich diese schöne Serie nicht machen wollen. Der Spagat zwischen Schauspielerei und Familie war ohnehin immer eine Herausforderung.

Zweitens Anna-Maria: Dass die resolute Fuhrwerksunternehmerin Seeberger in der Serie diesen Vornamen bekommen sollte, hatte ich mir von Anfang an überlegt. Nur sollte die Serie ursprünglich lediglich *Eine Frau geht ihren Weg* heißen. »Da fehlt was«, sagte ich zu dem Medienunternehmer Leo Kirch. »Der Titel hat noch gar nicht richtig angefangen, da ist er auch schon wieder zu Ende.« Und so wurde der Zweitname meiner Tochter Teil des Serientitels: *Anna Maria – Eine Frau geht ihren Weg*. Das hatte Klang und Fluss. Zehn Millionen Zuschauer jede Woche fanden das auch.

Drittens Sylvia: So nannte ich die Lehrerin Waldmann in der Serie *Sylvia – Eine Klasse für sich*, die von 1998 bis 2002 lief und bei der ich als Co-Autorin mitmischen durfte (geschrieben wurde die Serie von Thomas Letocha und Andreas Föhr). Ich habe diese Rolle sehr gern gespielt, eine bodenständige, patente Lehrerin, eine Problemlöserin, die sich für ihre Schüler einsetzte, aber auch ihre eigenen Fehler hatte und alles andere als perfekt war.

Julia – Anna Maria – Sylvia. Drei Serienrollen, drei starke Frauenfiguren. Und meine Tochter, die alle drei Namen vereint, hat auch Karriere gemacht, ist auch ihren Weg gegangen und in meinen Augen auch eine Klasse für sich. Was auf meine Söhne natürlich genauso zutrifft, und sollte ich einmal eine Männerrolle spielen, verspreche ich meinen Söhnen an dieser Stelle hoch und heilig, dass ich auf einen ihrer sechs Vornamen zurückgreifen werde.

In meiner Sturm-und-Drang-Zeit hatte ich noch einen anderen, einen *Spitz*-Namen: Piri. So nannte mich mein guter Freund Alfred, angelehnt an die 17-jährige Piroschka aus dem Roman *Ich denke oft an Piroschka* von Hugo Hartung. Ich war auch 17 Jahre alt, als ich Alfred über einen Bekannten kennenlernte. Den wiederum hatte ich im Sommer im Freibad das erste Mal getroffen und wurde in dessen Clique aufgenommen, ein bunter Haufen junger Leute, mit denen ich in den nächsten ein, zwei Jahren viel unternahm. Alfred stammte aus einer Unternehmerfamilie, die ein Landkaufhaus in Wallersdorf, einem Nachbarort, unterhielt. Er war ein paar Jahre älter als ich. Als ich ihn kennenlernte, fuhr er einen todschicken schwarzen Opel Kapitän und veranstaltete im Kellergewölbe einer früheren Brauerei, die er geerbt hatte, Partys, die in der ganzen Region legendär waren. Der Keller war jedes Mal brechend voll, an die 100 Leute kamen zusammen, einmal sogar Prinz Leopold von Bayern. Angesagte Bands aus München wurden von Alfred für den Abend engagiert und spielten Jazzmusik, Musik von Elvis Presley, Dixieland. Die Einladungen zu Alfreds Festen waren heiß begehrt. Alfred wäre eine gute Partie gewesen, und er hatte ein Auge auf mich geworfen. Aber ich wusste, sobald es innerhalb unserer Freundesclique Liebesbeziehungen gäbe, würde das unseren Kreis sprengen, und das wollte ich nicht riskieren.

Ich arbeitete zu dem Zeitpunkt bereits in Dingolfing bei Maschinen Bayer, wo ich mich erfolgreich auf eine Anzeige hin beworben hatte. Eigentlich war ich in der Buchhaltung angestellt, mehr Spaß machte mir aber der Verkauf. War ich mit der Buchhaltung fertig, bat ich Frau Bayer, im Verkaufsraum einspringen zu dürfen. Unsere erste Melkmaschine war vor Kurzem angeliefert worden, als ein Landwirt und seine Frau den Laden betraten, die eigentlich auf der Suche nach einer Gefriertruhe waren. »Ich hätte da was für Sie«, sagte ich und zeigte dem Bauern die Melkmaschine, die noch in ihre Einzelteile zerlegt war. Ich hatte den Ehrgeiz, die erste Melkmaschine zu verkaufen (die sehr teuer war), und fing an, ihre Mechanik zu erklären, ohne zu wissen, wie sie wirklich funktionierte. Was ich nicht verstand, reimte ich mir zusammen (stand zum Beispiel »Pulsator« auf einem Maschinenteil, beschrieb ich fantasievoll, wie die Milch hier pulsierend durchlaufen würde). Währenddessen baute ich die Maschine nach und nach zusammen, so wie es sich mir logisch erschloss.

Irgendwie klappte es. Der Bauer jedenfalls sagte abschließend: »Die kauf i jetzt.« Offensichtlich war er nicht nur von der Melkmaschine angetan. Seine Frau wurde immer grimmiger und meinte: »Jetzt reicht's. Appetit holen kannst dir auswärts, aber g'essen wir dahoam.« Ich hatte, ehrlich, keine Ahnung, was sie damit meinte. Frau Bayer klärte mich dann später auf.

Bei meinem Chef hätte ich die Pluspunkte, die ich durch den Verkauf der Melkmaschine gesammelt hatte, beinahe wieder verspielt. Weil unsere Olivetti-Buchungsmaschine einen Defekt hatte (sie ließ sich nicht auf null stellen), baute ich sie komplett auseinander. Herr Bayer kam in mein Büro und sah, dass die Einzelteile über den ganzen Boden verstreut lagen. »Ich krieg das wieder hin«, sagte ich sofort. Herr Bayer war stinksauer. »Wenn nicht, dann bezahlen Sie eine neue Buchungsmaschine«, sagte er. Ich war mit den Nerven am Ende. Erst spät in der Nacht funktionierte die Olivetti wieder. Gott sei Dank! Wäre das Experiment schiefgegangen, ich glaube, ich wäre ruiniert gewesen. Mindestens aber arbeitslos.

Während meiner Zeit im Unternehmen des Ehepaars Bayer entwickelte sich zwischen Alfred und mir, seiner Piri, eine schöne Freundschaft. Wir flachsten gern miteinander. Nur ein kleines Beispiel ist eine Postkarte, die ich ihm aus Südtirol schrieb, wo ich mit meiner Schwester zum Skifahren war:

»Lieber Alfred, auf dieser Hütte warte ich auf Dich. Ich hoffe, Du kommst bald, wenn nicht, dann suche ich mir einen anderen Mann, denn da gibt es ja so viele. Es grüßen Dich aus dem Urlaub, Piri und Heidi.«

Alfred und ich verloren uns im Laufe der Zeit aus den Augen. Er verliebte sich in eine wunderbare Frau, heiratete und wurde Vater. Piri verschwand aus seinem Leben ebenso wie aus meinem. Ich freue mich immer wieder, wenn ich von Alfred höre und wir über die alten Zeiten sprechen.

Freiheit schwarz auf grau

Lange hat mich dieses Stück Papier begleitet: mein Führerschein, der berühmte graue Lappen. Mittlerweile ist er nur noch ein Schatten seiner selbst. Ausgeblichen, zerfetzt und zerknittert. Ich liebe ihn dennoch heiß und innig, denn er war für mich ein Stück Freiheit. 2002 musste ich den alten durch einen modernen EU-Kartenführerschein ersetzen lassen (schon der Begriff klingt kalt). Ich war wehmütig, hatte mir der »Lappen« doch über viele Jahre treue Dienste erwiesen. An den Tag, als ich ihn zum ersten Mal in den Händen hielt, kann ich mich gut erinnern. Es war der 2. März 1962, mein 18. Geburtstag. Ohne Auto waren wir Landeier aufgeschmissen. Um von A nach B zu kommen, war ich vorher jedes Mal darauf angewiesen gewesen, dass mich jemand mitnahm, wieder abholte und nach Hause fuhr. Damit hatte es nun ein Ende. Jetzt ging das Leben für mich richtig los.

Die theoretische und praktische Prüfung hatte ich ein paar Wochen zuvor erfolgreich hinter mich gebracht. Fahrunterricht nahm ich in Landau, benötigte aber nur drei Stunden, bis ich so weit war, zur Prüfung anzutreten, weil ich bereits ausreichend Fahrpraxis hatte. Das war wieder so ein Punkt, an dem sich das widersprüchliche Verhalten meines Vaters zeigte. Auf der einen Seite war er streng und traute mir nichts zu, auf der anderen Seite gab er mir illegalen Fahrunterricht. Als ich mit 17 auf meine gewohnt freche Art forderte, jetzt das Autofahren zu lernen, dachte mein Vater vielleicht, wenn nicht er es mir beibrächte, würde ich mir womöglich sein Auto schnappen und mit jemand anderem üben. Das traute er mir zu (hätte ich vielleicht auch gemacht). Und dann spielte sicherlich auch die Überlegung mit hinein, wenn ich schon *vor* der Fahrschule fahrtüchtig sei, würde der Führerschein kostenmäßig günstiger werden, weil ich ja nicht mehr so viele Unterrichtsstunden benötigte. An den folgenden Wochenenden fuhr mein Vater mit mir in seinem Glas T 700 auf einsamen Feldwegen oder tief in den Wald, wo ich unter seiner Aufsicht üben durfte. Es waren schöne, weil vertrauensvolle Stunden mit meinem Vater, an die ich gern zurückdenke. Dass ich als junge Frau den Führerschein machen durfte, stand für meinen Vater außer Frage. So modern war er dann doch. Ganz anders als mein Fahrprüfer.

Die praktische Prüfung fand in Dingolfing – in »Glas-City« – statt. Es war bekannt, dass der Fahrprüfer keine sehr hohe Meinung von Auto fahrenden Frauen hatte, um es einmal nett zu formulieren. Frauen am Steuer passten nicht in sein Weltbild. Mit diesem Wissen im Hinterkopf stieg ich in den Wagen ein. Wenn der Prüfer mir nicht gerade Anweisungen gab, moserte er herum. »Ihr Frauen, was wollt's denn alle bloß mit dem Führerschein …« In der Art ging es weiter. Ich war mir sicher: Der lässt nichts aus, damit ich durchrassele. Es ging schon damit los, dass er mich mittags um zwölf antreten ließ, mitten in der Rushhour. Damals fuhren die Angestellten und Arbeiter in ihrer Mittagspause zum Essen nach Hause. Die Straßen waren voll mit Autos und Fahrrädern. Staus und Gehupe, wir mittendrin. Wie ein Mantra sagte ich mir die ganze Zeit: »Liefere ihm bloß keinen Vorwand, aber lass dir von dem Idioten auch nichts gefallen.«

Und: »Mach keinen Fehler, Uschi.« Es klappte auch alles. Plötzlich zeigte der Prüfer jedoch mit dem Finger auf eine Parklücke, die so klein war, dass ich fast daran vorbeigefahren wäre. Hier sollte ich rückwärts einparken. Ich bremste, setzte den Blinker, war hochkonzentriert, hinter mir hupten schon andere Wagen. Fahrräder schossen vorbei. Man spürte förmlich die Blicke: O Gott, Fahrschule … Mein Prüfer freute sich schon innerlich: Gleich hab ich sie, gleich verkackt sie es. Aber dann: Zack, zack, zack, Einparken in drei Zügen, genau so, wie mein Vater es mir beigebracht hatte. Schon stand ich millimetergenau in der Lücke. Der Prüfer schwieg, seine Enttäuschung war fast schon greifbar. Kein Fahrfehler, keine Unsicherheit im Straßenverkehr. Obwohl ich doch nur eine Frau war. Ich hatte bestanden.

Mein Vater gratulierte mir, meinte aber: »Erst wenn du den Großglockner hochfährst, ohne den Karren abzuwürgen, und ihn nicht zum Kochen bringst, hast du auch bei *mir* bestanden.« Wir fuhren den Großglockner hoch, und ich würgte den Glas T 700 meines Vaters nicht ab. Da war er stolz auf sein Zwergerl.

Der Führerschein war ein wichtiger Schritt in Richtung Abnabelung von zu Hause. Ich beschloss, Landau endlich zu verlassen und nach München zu gehen. Es wird nicht überraschen, dass mein Vater dagegen war. 1964 aber wagte ich den Schritt, wohl wissend, dass ich ab dem Zeitpunkt finanziell auf mich allein gestellt wäre. Bei Maschinen Bayer hatte ich 750 D-Mark im Monat verdient. Weil ich aber noch bei den Eltern gewohnt hatte, musste ich von dem Geld weder Miete noch Essen bezahlen. In München war alles anders. Mein Vater hatte deutlich gemacht, dass er mich nicht unterstützen würde. »Du weißt, unsere Tür steht dir immer offen, du kannst jederzeit heimkommen. Aber Geld bekommst du keins«, hatte er klargestellt.

In München-Bogenhausen bezog ich ein Zimmer in einer Kellerwohnung und fand einen Job als Sekretärin in der Rechtsanwaltskanzlei Bossi, wechselte nach kurzer Zeit aber zu einem Fuhrwerkunternehmen. Das Geld reichte gerade für Miete und Lebensmittel, wenn überhaupt. Ich wollte natürlich auch etwas erleben, in Bars gehen, Restaurants besuchen, Filme sehen. Diese Extravaganzen waren nur möglich dank großzügiger Bekannter, die mich ausführten und einluden. Der Monat hat 30 Tage, logisch, aber wie lang ein Monat tatsächlich sein kann, wenn man von der Hand in den Mund lebt, wurde mir damals zum ersten Mal bewusst. Spätestens am 15. war ich pleite. Eine gute Freundin lieh mir glücklicherweise regelmäßig Geld. Eher hätte ich mir die Zunge abgebissen, als zu Hause anzurufen und um Hilfe zu bitten. Nie im Leben, schwor ich mir. Obwohl es Tage gab, an denen ich dachte: Das war's jetzt mit München. Immer wenn ich kurz davor stand, bei meinem Vater zu Kreuze zu kriechen, schoss mir dieser eine Gedanke durch den Kopf: Nein, nein, nein, diesen Triumph gönne ich ihm nicht. Stattdessen besuchte ich alle paar Wochen meine Eltern in Dingolfing und schwärmte von meinem bravourösen Leben in der Großstadt.

Der Kauf meines ersten Autos war eine Geldausgabe, die ich mir eigentlich gar nicht hätte leisten können, auch wenn ich zu dem Zeitpunkt schon meine ersten Filme gedreht habe. Es handelte sich um einen blauen MG Midget, der bei den Dreharbeiten der Edgar-Wallace-Filme zum Einsatz kam. Ein Zweisitzer mit Steckfenster, rechts gesteuert (was nicht ganz einfach war). Als ich mitbekam, dass der MG ausgedient hatte und verkauft werden sollte, hob ich den Finger. »Den will ich haben.« Auch wenn ich den Wagen günstig bekam, musste ich ihn in Raten abstottern. Der MG war ein Liebhaberstück mit Macken, er entpuppte sich als ein Fass ohne Boden. Das Dach war undicht, ständig regnete es rein. Aufgrund der Feuchtigkeit muffelte es im Wageninneren immer. Eine Reparatur zog die nächste nach sich. Eine Trennung war unausweichlich. Mein nächstes Auto sollte ein Neuwagen sein. Bei der Hans Glas GmbH, wo mein Vater arbeitete, kaufte ich einen Glas 2600 V8. Ein schickes Coupé, das man im Volksmund den *Glaserati* nannte, der Maserati der kleinen Leute. Als ich ihn im Werk in Dingolfing abholte, lief *Zur Sache, Schätzchen* schon im Kino, entsprechend groß war der Rummel vor Ort.

Autofahren gab mir immer ein Gefühl von Ungebundenheit und Unabhängigkeit. Es gab Zeiten, da machten wir München unsicher, als gäbe es kein Morgen. Dann fühlten wir uns wie James Dean in *… denn sie wissen nicht, was sie tun.* Wir forderten uns gegenseitig zu Mutproben heraus und fuhren nachts verbotenerweise durchs Siegestor. Aber bitte nicht nachmachen. Ich rede von einer Zeit, als es bei Weitem nicht so viel Verkehr gab wie heute. Und kaum Polizei …

Freiheit hat viele Farben und Facetten. Die wichtigste war und ist mir natürlich die Freiheit, mein Leben führen zu können, wie ich es mir vorstelle, in einem freiheitlich-demokratischen Land, in dem alle gleich viel wert sind (oder sein sollten). Als Frau die gleichen Rechte zu haben wie ein Mann, eine Selbstverständlichkeit eigentlich, die wir Frauen aber einfordern und uns erkämpfen mussten. Ich habe auch gelernt, dass man sich Freiheit leisten können muss. Wie frei ist man in seinen Entscheidungen, wenn man finanziell abhängig von anderen ist? Welche Freiheiten hätte zum Beispiel meine Mutter sich erlauben können? Für mich persönlich bedeutete Freiheit aber auch immer ein Stück weit, dass ich meiner Intuition folgte. Ich war so frei, Dinge zu tun oder zu lassen, zu denen mir mein Bauchgefühl zu- oder abriet. Ich bin davon überzeugt, man bleibt, egal in welchem Beruf, nur dann erfolgreich, wenn man in entscheidenden Fragen seinem Instinkt vertraut. Wenn ich eine Rolle angenommen hatte, stand ich zu 100 Prozent dahinter. Aus dem Grund bin ich nie gelangweilt in einen Drehtag gegangen.

Aber: Wenn es am schönsten ist, sollte man aufhören. Irgendwann kam jede Serie an den Punkt, an dem sich die Geschichten zu wiederholen anfingen, selbst wenn die Einschaltquoten gut waren. Dann hatte ich immer das Gefühl, es sei jetzt an der Zeit, auszusteigen und etwas Neues zu beginnen. Sobald ich das aber aussprach, war die Empörung groß – bei Produzenten, Sendern, Agenten. »Warum aufhören? Es läuft doch noch gut!« Ja, noch. Ich finde, die Zuschauer sollten lieber sagen: »Wie schade, dass es vorbei ist«, statt sich irgendwann zu langweilen. Ob ich damit immer richtig gelegen habe, weiß ich nicht.

Eine Serie allerdings hätte ich gern noch länger gedreht: *Unsere schönsten Jahre* mit Elmar Wepper und Helmut Fischer. Elmar und ich spielten das Liebespaar Elfi und Raimund, das in der Serie ihre gemeinsame Zeit Revue passieren lässt. Der Dritte im Bunde ist Elfis Ex-Liebhaber Herbert, dargestellt von Helmut Fischer, den Elfi rausschmeißt, als sie Raimund kennenlernt. Helmut spielte einen liebenswerten Hallodri. Als Schauspieler und auch als Mensch war und blieb er der Monaco Franze. Von der Serie gab es nur zwölf Folgen, die zwischen 1983 und 1985 entstanden. Ja, es waren schöne Jahre.

Schnittstellen

Jung, hübsch, ehrgeizig, ohne Schauspielausbildung, keine Erfahrungen vor der Kamera. Wie kam ein Landei wie ich zum Film?

Ich habe gelernt, man kann noch so sehr etwas wollen, die großen Veränderungen im Leben kommen zu dir, wenn du gerade nicht damit rechnest. Meinen zweiten Mann Dieter zum Beispiel lernte ich in einer Phase kennen, als ich noch dabei war, die Scheidung, meine große Niederlage, zu verarbeiten. Ich war Ende 50 und wollte für meine Kinder da sein – und sonst gar nichts. Das Letzte, an das ich gedacht habe, war eine neue Beziehung.

Auch unser Projekt brotZeit entstand durch einen Zufall: weil ich eines Tages mit dem Auto durch München fuhr und einen Radiobericht darüber hörte, dass Tausende Kinder in München hungrig in die Schule gehen.

Ich sage »zufällig«, obwohl es dieses Wort meiner Meinung nach nicht wirklich trifft, denn ich bin der Überzeugung, dass manches im Leben geschehen *soll*. Ist es nicht faszinierend, dass dir in der einen Minute deines langen Lebens ein ganz bestimmter Mensch über den Weg läuft und deinem Leben eine neue Richtung gibt? Wer oder was hat da seine Hände im Spiel? Ist es das Schicksal, will es der liebe Gott so? Für mich sind das Schnittstellen im Leben, und es ist an dir, sie zu erkennen und das Momentum zu nutzen.

Damit will ich nicht sagen: Leg die Füße hoch, mach am besten gar nichts und warte gemütlich ab, bis das Schicksal es gut mit dir meint. Ich glaube, ein bisserl Einsatz und Disziplin braucht es dann schon auch noch. Und eine Vision, wo die Reise hingehen soll.

Der Zufall, das Schicksal, der liebe Gott … wollte es auch, dass sich auf dem Tennisplatz in Dingolfing, auf dem ich regelmäßig spielte, mein Weg mit dem einer Filmcrew kreuzte.

Im Tennisclub drehte ein bekannter Regisseur Szenen für seinen neuen Film. Irgendwie kam ich mit Mitgliedern der Crew ins Gespräch. Auf die Frage, was ich so triebe, antwortete ich: »Ich geh bald nach München« (ohne dass das zu dem Zeitpunkt konkret geplant war). »Ruf doch an«, sagten meine neuen Bekannten, »dann bist du da auch nicht allein.« Danach dauerte es nicht mehr lange, bis ich Dingolfing tatsächlich verließ. Wie wäre wohl alles gekommen, wenn ich an diesem Tag *nicht* den Filmleuten über den Weg gelaufen wäre? Nach meinem Umzug meldete ich mich wie versprochen bei ihnen und wurde in ihre Clique aufgenommen: Kameraleute, Masken- und Kostümbildnerinnen, Fotografen – spannende Menschen, durch die sich für mich eine neue Welt auftat. Schwabing war damals in den 60er-Jahren ein heißes Pflaster. An jeder Ecke öffneten neue Live-Clubs und Bars. Auch politisch brodelte es. Die Schwabinger Krawalle klangen noch nach. Dabei waren zwei Jahre zuvor 40 000 junge Leute auf die Straße gegangen und hatten sich mit der Polizei Schlachten geliefert.

Eines Abends nahm mich meine Münchner Clique mit zur Kinopremiere von *Das Liebeskarussell*, einem Episodenfilm, produziert von Rialto Film aus Berlin. Man hatte wichtige Regisseure für die Episoden gewinnen können, große nationale und internationale Stars wie Catherine Deneuve, Heinz Rühmann, Gert Fröbe und Anita Ekberg wirkten mit. Trotz dieses Aufgebots gefiel mir speziell eine Episode des Films gar nicht. Auf der anschließenden Premierenfeier wurde kontrovers über *Das Liebeskarussell* diskutiert. Als mich ein älterer, mir unbekannter Herr nach meiner Meinung fragte, hielt ich mich nicht zurück und sagte, was mir alles an der Episode nicht passte. Der Mann wirkte ein bisschen baff und wollte wissen, ob ich selbst auch aus der Filmbranche sei, möglicherweise eine Schauspielerin. Irgendwie schon, aber noch nicht so richtig, meinte ich. Als Nächstes fragte er mich, ob ich mir zutrauen würde, eine Rolle in einem Film zu spielen. Und ich: »Na klar.« Der ältere Herr war kein Geringerer als Horst Wendlandt, Chef von Rialto Film. Damals sagte mir der Name gar nichts, aber dass ich ihm auf der Premierenfeier begegnet war, änderte alles. Mein freches Mundwerk muss ihm imponiert haben. Horst Wendlandt wurde mein Entdecker und Förderer. Ohne ihn säße ich jetzt nicht hier an meinem Schreibtisch und würde dieses Buch schreiben. Der Abend der Filmpremiere brachte den Stein ins Rollen. Schnittstelle!

Wenige Wochen danach rief eine Frau Busch bei mir zu Hause an. Mittlerweile wohnte ich in einer WG mit meiner Freundin Dörte. Das Telefon war ein Luxus, den wir uns gönnten – häufig abgestellt wegen unbezahlter Rechnungen. Nicht so an diesem Tag. Dörte nahm das Gespräch an und berichtete mir am Abend, Frau Busch habe lediglich meine Adresse erfahren wollen, um mir ein Drehbuch zu schicken. Klare Sache, ein blöder Scherz meiner Filmfreunde, dachte ich. Tatsächlich hielt ich ein paar Tage später das Drehbuch für den Edgar-Wallace-Film *Der unheimliche Mönch* in den

Händen. In dem beiliegenden Brief bot mir Horst Wendlandt eine kleine Rolle an. Die Dreharbeiten sollten schon bald in Hameln starten. Ich sagte zu, musste aber erst noch einige Problemchen aus dem Weg räumen.

Problem Nummer eins: mein Chef, der Besitzer des Fuhrunternehmens, bei dem ich angestellt war. Ihn musste ich kurzfristig um einen Monat unbezahlten Urlaub bitten. Niemand ist unersetzbar, aber ich kümmerte mich um die Logistik des Fuhrunternehmens, kutschierte sogar manchmal unsere Fahrer in einem Kleinbus durch die Gegend, wenn sie die neuen Lkw im Werk abholten. Nur äußerst widerwillig ließ sich mein Chef auf meine Bitte ein und gestattete mir den Urlaub. Und ich versprach hoch und heilig, nach den Dreharbeiten an meinen Arbeitsplatz zurückzukommen. Ich gab ihm mein Ehrenwort.

Problem Nummer zwei: Ich hatte Angst vor der Reaktion meines Vaters. Meine Eltern informierte ich telefonisch erst über meinen Job, als ich schon in Hameln war – am Point of no Return, ein Rückzieher war jetzt unmöglich. Mein Vater tobte. Nichts anderes hatte ich erwartet. Aber ich war volljährig und konnte tun und lassen, was ich wollte.

Problem Nummer drei: Das Ensemble war mit Karin Dor, Harald Leipnitz, Dieter Eppler und Siegfried Lowitz hochkarätig besetzt. Was für Profis, dachte ich. Und ich selbst war ja überhaupt keine Schauspielerin und hatte keinen Schimmer davon, wie man sich vor der Kamera verhält. Ich bat den Herstellungsleiter, den anderen Schauspielern am Set zuschauen zu dürfen. Von Fotoaufnahmen, die ich gemacht hatte, wusste ich, dass man immer in die Kamera schauen soll. Jetzt beobachtete ich Harald Leipnitz und Karin Dor, wie sie sich vor der Kamera verhielten. Anders als bei einem

Fotoshooting schauten sie an der Kamera vorbei. Solche simplen handwerklichen Kniffe guckte ich mir bei ihnen ab. Von Anfang an hatte ich großes Zutrauen zu Dieter Eppler. Ich bat ihn um Rat. Dieter stellte sich vor mich hin, fasste meine Hände und sagte: »Put your feet on the ground. Fühl den Boden, erde dich, schau mich an. Jetzt sind wir auf Augenhöhe und spielen gemeinsam die Szene.« Es funktionierte, ich wurde sicherer. Es tat gut, jemanden an meiner Seite zu wissen, der mir meine Ängste nehmen konnte. Dieter Eppler gab mir einen weiteren entscheidenden Ratschlag, der sich in meine DNA einbrannte. »Du musst lernen, gell, einfach lernen«, sagte er, der Stuttgarter, mit schwäbischem Einschlag. Lernen, lernen, lernen, den Text in- und auswendig kennen. »Selbst wenn man dich nachts aus dem Schlaf reißt, darfst du nicht eine Sekunde nachdenken müssen, wie dein Text lautet, den musst du sofort parat haben.« Daran habe ich mich in meinem ganzen Schauspielerleben gehalten.

Und dann passierte es mir doch. Ein Blackout.

Zeitsprung in die 80er-Jahre. Wiederaufnahme der Theaterkomödie *Mittagsstunde*. Wir hatten das Stück schon Hunderte Male aufgeführt. Meinen Text hätte ich im Schlaf herunterbeten können (danke, Dieter Eppler). Jetzt war Premierenabend. Das Stück lief schon eine ganze Weile, als mein Partner plötzlich einen Texthänger hatte. Die Souffleuse stand irgendwo hinten an der Seite der Bühne und flüsterte meinem Kollegen von dort aus die Textzeile zu. Nur, er hörte sie nicht. Ich musste improvisieren, übernahm Teile seines Textes in meinen, um ihm so wieder auf die Sprünge zu helfen. Auf einmal war er wieder drin. Jetzt aber war ich raus. Mein Text: weg. Mein Kopf: leer. Ein kompletter Blackout. Das war mir noch nie passiert. Weil alle dachten, die perfekte Uschi sei ja immer zu 100 Prozent vorbereitet, kam niemand auf die Idee, mir in dieser Situation auszuhelfen, weder mein Partner noch die Souffleuse, die in den Stand-by-Modus verfallen war.

Ich schwieg. In mir war nur Leere. Welches Stück spielten wir überhaupt? Mir wollte einfach nichts einfallen. »Bitte lasst den Vorhang fallen und diese Schmach beenden«, betete ich still. »Jetzt!!! Sonst werde ich ohnmächtig.« Aber der Vorhang fiel natürlich nicht, und auch kein Loch wollte sich auftun, in das ich hätte springen können. Langsam schritt ich über die Bühne in Richtung Souffleuse. Bei ihr angekommen flüsterte ich: »Ich hänge!« Wahrscheinlich zischte ich sie böse an. Endlich erwachte die gute Dame zum Leben, suchte hektisch im Skript, fand meine Zeile und raunte sie mir zu. Ich war wieder drin. Danach spielten wir weiter, als wäre nichts geschehen. Ich aber war schweißgebadet. Gefühlt hatte mein Blackout eine Stunde gedauert, in Wahrheit waren es Sekunden. Mir wird noch heute schlecht, wenn ich mich in die Situation von damals zurückversetze. Als ich mich nach der Vorstellung bei der Theaterchefin entschuldigen wollte, zuckte sie nur mit den Schultern. »Ist wurscht, hat doch keiner gemerkt.«

Nachdem *Der unheimliche Mönch* abgedreht war, bot Horst Wendlandt mir einen sogenannten Hollywood-Vertrag an, der eine zweijährige Ausbildung zur Schauspielerin, inklusive Sprech-, Tanz-, Reit- und Gesangsunterricht im In- und Ausland, beinhaltete. Als »Taschengeld« würde ich im Monat anfangs 1500 D-Mark, später 2000 D-Mark erhalten. Die Ausbildungskosten musste ich in den anschließenden fünf

Jahren zurückzahlen, indem ich in Produktionen von Rialto Film Rollen übernahm oder an andere Produktionen ausgeliehen wurde. Wendlandts Angebot war eine Riesenchance für mich. Wie sonst hätte ich mir jemals eine Schauspielausbildung leisten können? Ich wollte sofort zusagen, wäre da nicht mein Versprechen an meinen Chef im Fuhrunternehmen gewesen, dass ich nach meinem Ausflug in die Filmwelt meinen Job bei ihm wieder aufnehmen würde. Tatsächlich kehrte ich zurück an meinen Arbeitsplatz. Gleichzeitig lag der Vertrag von Rialto Film bei mir zu Hause und wartete auf meine Unterschrift. Ich traute mich nicht. »Was wäre ich doch für eine Verräterin, wenn ich meinen Chef hängen ließe«, sagte die eine Stimme in meinem Kopf. »Wie blöd muss man sein, sich diese Chance bei Rialto entgehen zu lassen«, die andere.

Dann rief Frau Busch aus Berlin an, fragte höflich nach, wo der unterschriebene Vertrag bleibe. Ich vertröstete sie. Als immer noch keine Post von mir in Berlin ankam, wurden ihre Anrufe unfreundlicher. »Kein Mensch ist so unverschämt wie Sie. Wo bleibt der Vertrag?« Irgendwann stellte mir Wendlandt ein Ultimatum: Wenn der Vertrag jetzt nicht endlich kommt, war's das. Und dann passierte eine furchtbare Geschichte, die ich kaum erzählen mag. Ich hatte beschlossen, meinem Chef reinen Wein einzuschenken. Am Morgen fuhr ich wie immer ins Büro und wollte, sobald mein Chef da war, bei ihm anklopfen und mutig sagen, was ich vorhatte. Unser Chef aber tauchte nicht auf, niemand wusste, wo er abgeblieben war. Jemand rief seine Frau an. Auch sie war ahnungslos. Ihr Mann sei schon vor einiger Zeit losgefahren und müsste längst im Büro sein. Irgendwann rief ein Polizist an und teilte uns mit, unser Chef sei am Morgen gegen einen Baum gefahren und tödlich verunglückt. Alle standen unter Schock. Die Witwe unseres Chefs war erst vor Kurzem Mutter geworden und fühlte sich außerstande, das Unternehmen weiterzuführen. So waren wir alle von heute auf morgen arbeitslos. Und ich war frei für die Ausbildung bei Rialto Film. Das Schicksal hatte mir die Entscheidung tragischerweise abgenommen.

Die Geschichte des Fuhrunternehmens sollte viele Jahre später noch einmal eine Rolle in meinem Leben spielen.

Ohne Vorbehalt

*I*m Rahmen meiner Ausbildung in München sollte ich Mitte der 60er-Jahre für ein halbes Jahr nach England gehen. Kurz zuvor hatte ich meine erste Hauptrolle in *Winnetou und das Halbblut Apanatschi* gespielt. Apanatschi war und ist ein Phänomen. Dieses kleine, süße Mädchen eroberte die Herzen des Publikums im Sturm. Bei keiner anderen Rolle bekomme ich so viele Fotos mit der Bitte um ein Autogramm zugeschickt wie bei Apanatschi. Sie hängt auch das Schätzchen locker ab. In Hochzeiten waren es buchstäblich Berge von Fanpost, die in einer Woche angeliefert wurden. Weil ich beim Autogrammeschreiben immer Musik hörte, hatte ich mir ausgerechnet, dass ich während eines Songs, also der Laufzeit einer Single, 100 Autogramme schaffte. Lief ein Album mit zwölf Liedern, brachte ich es auf 1 200 Unterschriften. Auf diese Weise bewältigte ich die Berge von Post effektiv und zeitsparend. Kürzlich schickte mir jemand ein Foto von Apanatschi mit der Bitte um ein Autogramm und dem Hinweis, dieses sei dann das 700. Autogramm von mir für seine Sammlung. Das nenne ich mal einen echten Hardcorefan.

Nach den Dreharbeiten zu dem Winnetou-Film flog ich nach London, wo ich neben der Schauspiel- auch eine Sprachenschule besuchte, damit ich in Zukunft zusätzlich in englischer Sprache drehen konnte. Vormittags wurde sechs

Stunden lang Englisch gepaukt, nachmittags ging ich zum Schauspielunterricht. Von Landau nach München – das war für mich schon ein gewaltiger Schritt. London in den »Swinging Sixties« war noch einmal eine ganz andere Nummer. Die Rolling Stones, die Beatles, The Who, Twiggy, hier entstanden die Trends in Mode und Kultur, auch politisch waren es wilde Zeiten – was für ein Abenteuer. Und die kleine Uschi mittendrin.

Man hatte mich in einem sehr preisgünstigen Zimmer in einem Gebäude namens The White House einquartiert. Klingt feudaler, als es war. Die Bezeichnung Loch wäre passender gewesen. Das britische Pfund stand so hoch im Kurs, dass mit meinem kleinen Budget wieder mal Schmalhans angesagt war. All das aber war nebensächlich. Ich fand es einfach nur großartig in London. Was auch daran lag, dass ich schnell Anschluss fand – bei Heidelinde Weis und Helmut Berger. Sie eine Österreicherin, er ein Österreicher. Helmut, mein Jahrgang, nahm an derselben Schule Schauspielunterricht wie ich, Heidelinde drehte gerade einen Film in England. Sie stand, wie auch ich mittlerweile, bei der Münchner Agentur Alexander unter Vertrag – bei der *legendären* Ilse Alexander. Durch unsere Agentur kannten wir uns. Heidelinde war ein paar Jahre älter als ich. Sie stellte mir in London Helmut Berger vor, der seit ein paar Jahren in England lebte. Er arbeitete unter anderem als Model und hatte kurz zuvor den berühmten italienischen Regisseur Luchino Visconti kennengelernt, seinen Entdecker, Mäzen und Liebhaber. Von Visconti und von Helmuts Beziehung zu ihm hatte ich allerdings keinen blassen Schimmer.

Als wir uns kennenlernten, hatte Helmut noch keine Filme gedreht, aber er bereitete sich gerade an der Schauspielschule auf sein Debüt vor. Während Heidelinde von ihrer Filmproduktion in einem schicken Hotel untergebracht worden war, residierte Helmut in einer pompösen Stadtvilla, die ihm Visconti zur Verfügung gestellt hatte. Dort wohnte er mit einem Butler. Mir gefielen Helmuts Humor und seine unkonventionelle, stürmische Art. Er war charmant und klug, ein Freigeist, der sich um nichts scherte. Und einer der schönsten Männer, die mir bis dahin begegnet waren. Heidelinde war anders, fein und zart, sie umwehte eine gewisse Aura, etwas Sphärisches, Mysteriöses, und gleichzeitig konnte man mit ihr Pferde stehlen. Wenn wir gerade nicht zum Unterricht gingen oder drehen mussten (wie Heidelinde), machten wir London unsicher und die Nacht zum Tag. Heidelinde, Helmut und ich waren die Kerntruppe, der sich immer wieder neue Leute anschlossen, die aber auch schnell von der Bühne verschwanden. Wir drei, dieses ungleiche Trio, blieben.

In der Sprachenschule lernte ich einen jungen Mann aus der Schweiz kennen. Wir flirteten ein bisschen, aber mehr wurde nicht daraus. Nachdem wir ein paar Mal miteinander ausgegangen waren, fragte er mich, ob ich nicht Lust hätte, seine Verwandten kennenzulernen. Denn ein Teil seiner Familie lebte in London. Bei ihnen wohnte er auch, während er die Sprachenschule besuchte. Warum nicht?, dachte ich, und dann erfuhr ich, dass es sich um eine jüdische Familie handelte. »Bist du sicher, dass das eine gute Idee ist? Ich verstehe, wenn sie ein Problem mit mir haben«, sagte ich. Mein Freund aber meinte, seine Familie lade mich wirklich herzlich ein.

Als Deutsche war man im London der 60er-Jahre nicht nur beliebt. Ich spürte die Blicke der Menschen auf mir, wenn sie hörten, dass ich Deutsch sprach, oder meine Herkunft aufgrund meines Akzents erkannten. So unangenehm es sich für mich auch anfühlte, ich hatte Verständnis für das Misstrauen der Leute. Die Wunden waren noch lange nicht verheilt.

Die Familie meines Freundes empfing mich mit offenen Armen. Vorbehaltlos. Die einzige Person, die nicht wusste, wie sie mit der Situation umgehen sollte, das war ich. Wie können diese Leute nur so freundlich und herzlich zu mir sein?, fragte ich mich. Keine seltsamen Blicke, nichts. Dass ich eine Deutsche war, spielte für sie offensichtlich keine Rolle. Ich war »nur« Uschi, eine Freundin ihres Neffen. Sie haben wahrscheinlich gedacht: Welche Schuld soll dieses junge Mädchen tragen? In welcher Weise die Familie meines Freundes unter den Nationalsozialisten gelitten hatte, habe ich nie erfahren. Ich hätte mich auch nicht getraut zu fragen. Umgekehrt wollten sie nichts über meine Eltern und ihre Rolle in der Gesellschaft der 30er- und 40er-Jahre wissen. Stattdessen verbrachten wir gesellige Abende miteinander, es wurde getrunken und gelacht. Unsere Begegnungen fühlten sich dennoch – unterschwellig – besonders an. Die tiefere Symbolik wurde mir erst später bewusst: Gräben lassen sich überwinden.

Gegen Ende unserer gemeinsamen London-Zeit plante Helmut Berger ein großes Fest in Viscontis Townhouse. Alle Freunde und Bekannten, mit denen wir in den vergangenen Wochen unterwegs gewesen waren, sollten noch einmal zusammenkommen. Wenige Tage vor der Party unterhielt ich mich mit einem Jungen aus unserer Clique über Helmuts Einladung. Der Junge sagte mit einem komischen Unterton, dass er nicht kommen werde. Ich fragte nach dem Grund. »Zu einem Schwulen gehe ich nicht nach Hause«, meinte er nur. »Sag mal, spinnst du? Erstens, was ist das für eine Aussage, und zweitens ist der Helmut doch nicht schwul«, blaffte ich ihn an. Ich war noch ganz schön naiv. Generell war es mir aber auch wurscht, wer wie mit wem, ob hetero, bi oder schwul. Jeder sollte nach seiner Fasson glücklich werden. Der Junge kam nicht zu Helmuts Party. Ich ging sehr gerne hin. Und sie wurde ein grandioser Erfolg.

Auch nach unserer Londoner Zeit hielten wir drei den Kontakt aufrecht. Heidelinde drehte einen Film nach dem anderen. Einmal standen wir zusammen vor der Kamera: 1997 in *Drei unter einer Decke*, zusammen mit den Wepper-Brüdern. Als sie sich aus der Öffentlichkeit zurückzog, um ihren kranken Mann zu pflegen, hat mich das sehr beeindruckt. Unser freundschaftlicher Faden riss nie ab. Sie starb im November 2023 in ihrer österreichischen Heimat.

Helmut Berger drehte schon bald seinen ersten Film mit Visconti, einen von vielen, und wurde ein Weltstar, der hoch aufstieg und leider ganz tief fiel. In den ersten Jahren nach London trafen wir uns gelegentlich in Salzburg oder in München. Ich besuchte ihn in Bayern, als er mit Romy Schneider *Ludwig II.* drehte. Ebenso wie der Märchenkönig war Helmut eine zutiefst komplexe Persönlichkeit. Ich denke, niemals war er einer Rolle näher als in diesem Film.

Helmut begleitete meine Anfänge als Schauspielerin mit Interesse und Wohlwollen. Als ich im Oktober 1968 zum ersten Mal auf einer Theaterbühne stand, schickte mir Helmut anlässlich der Premiere ein Telegramm. Adressiert war es an »Signorina Uschi Glas« (klingt gleich besser als Fräulein). Und der Text lautete: »Toi, toi, toi, alles Liebe. Think of you.« Wenige Worte, drei Sprachen, typisch Helmut. Dass wir uns irgendwann aus den Augen verloren, bedauere ich.

Mein Theaterdebüt war das Stück *Unsere liebste Freundin*. Die männliche Hauptrolle spielte Johannes Heesters, damals ein Superstar in Deutschland. Meine Mutter fiel aus allen Wolken, als ich ihr am Telefon davon erzähle. Ihre Uschi und der große Heesters?! Auf einmal klang Mutters Stimme wie die eines verliebten Mädchens. Spätestens damit verschwanden ihre letzten Zweifel an meiner Schauspielerei. Auch mein Vater schloss seinen Frieden damit. Zum einen sah er ein, dass ich echtes Geld verdiente. Er musste sich also keine Sorgen mehr machen, ich könnte unter die Räder kommen. Zum anderen hatte er sich selbst davon überzeugen können, dass man als Schauspielerin hart arbeitet und nicht nur Champagner trinkt und auf Partys feiert. Meine Eltern hatten mich bei den Dreharbeiten zu dem Winnetou-Film im damaligen Jugoslawien besucht. »Ihr kommt ja ganz schön ins Schwitzen«, lautete sein Fazit.

Nach der Premiere in Düsseldorf gingen wir mit *Unsere liebste Freundin* im Herbst/Winter 1968 auf Theatertournee. Als wir in Düsseldorf gastierten, nutzte ich den freien Nachmittag und spazierte über die berühmte Kö. Als ich am Abend Johannes Heesters ganz nebenbei davon erzählte, schaute er mich entgeistert an. »Das darfst du nicht, Uschi«, sagte er sehr ernst mit seinem wunderbaren holländischen Akzent. »Was darf ich nicht?« – »Du kannst nicht so gewöhnlich über die Straße gehen. Du musst unsichtbar sein. Erst dann bist du ein Star.« Aha, dachte ich, ein interessanter Ratschlag. Will ich das denn: unsichtbar sein – und unnahbar? Ein Star ist man dann, wenn man sich nicht gemein macht mit den »normalen« Leuten? Es gibt Schauspielerinnen wie Greta Garbo oder Catherine Deneuve, die man »die Göttin« oder »die Göttliche« nennt (was der Deneuve übrigens gar nicht behagt). Ich kann mir nicht vorstellen, dass mich irgendjemand im deutschsprachigen Raum jemals als eine Göttin gesehen hat. Gott sei Dank!

Das Schätzchen kommt
und bleibt

Standardfrage (Journalist): »Nervt es Sie nicht, dass in jedem Artikel über Sie das Schätzchen vorkommt?«

Standardantwort (ich): »Na, wenn Sie's weglassen, ist's schon ein Schätzchen weniger.« Daraufhin lautet die Überschrift des Artikels »Das Schätzchen ist kein Schätzchen mehr« oder noch besser »Das Schätzchen will kein Schätzchen mehr sein«.

Nein, ganz ehrlich, es nervt mich nicht. Es amüsiert mich gelegentlich, wenn ich ab und an lese, was in bald 60 Jahren an Schlagzeilen zusammengekommen ist (einige der schönsten Wortkreationen finden sich zu Beginn und am Ende des Buches!).

Dass ich *Zur Sache, Schätzchen* drehte, war alles andere als selbstverständlich. Nachdem ich das Drehbuch (ein dünnes Heft, nur wenige Seiten) gelesen hatte, wollte ich unbedingt die Rolle der Barbara bekommen. Die Texte waren gut, die Dialoge frisch, mit viel Raum für Improvisation. Im Grunde geht es in *Zur Sache, Schätzchen* um das Lebensgefühl der Jugend in den 60ern, das mir sehr vertraut war. Das Besondere war auch, dass der Film an nur einem Tag im Sommer spielte. Barbara ist ein wohlbehütetes Mädel aus gutbürgerlichem Haus, frech und unkompliziert. An diesem Tag geht sie ins Freibad und lernt den charmanten Taugenichts Martin kennen, der am liebsten den ganzen Tag rauchend und faulenzend im Bett verbringt. Noch lieber aber fummelt er. Es gibt diese typische witzige Szene, die in der Straßenbahn spielt: Martin legt seine Hand an Barbaras Nacken und sagt: »So zum Beispiel, das ist schwer gefummelt.« Dann schlingt er seinen Arm komplett um ihre Schultern und säuselt: »Wenn ich so mache, das ist erst recht unheimlich gefummelt. Verflixt, ich hab ganz klar gefummelt.« Barbara bleibt völlig cool und geht gar nicht darauf ein. Ihre einzige Reaktion: »Fummler!« Martin wird bald schon Zeuge eines Einbruchs, dummerweise gerät er selbst in Verdacht, der Täter zu sein. Es kommt zu der bekannten Szene auf der Polizeistation, in der Barbara ihr Kleid fallen lässt, bis das Schätzchen nur noch in einer Korsage dasteht. Der Titel des Films ist übrigens einem Vierzeiler entnommen, den sich Martin ausgedacht hat, kurz bevor Barbara auf der Bildfläche erscheint: »Zur Sache, Schätzchen, mach keine Mätzchen, komm ins Bettchen, rauch noch'n Zigarettchen.«

Werner Enke spielte Martin, aber eigentlich *war* er Martin, und auch Barbara war mir nicht ganz unähnlich. »Die Geschichte habe ich der Wirklichkeit entnommen«, schrieb May Spils, die Regisseurin, im Programmheft, »der Wirklichkeit des heutigen Schwabing mit seinen Gammlern, Trinkern, mehr kleinen als großen Genies, seinen miniberockten Mädchen und maxiverkorksten Revoluzzern.« Barbara ist fasziniert von Martin, findet diesen verrückten Kerl cool. Und ich fand es spannend, einen Typen wie Werner zu erleben. Wie tickt ein Kerl, der nicht aus dem Bett kommt, nur weil draußen schlechtes Wetter ist oder er einfach keine Lust dazu hat?

May Spils war mit ein Grund, warum ich so sehr um die Rolle kämpfte. Denn kämpfen musste ich, weil alle anderen dagegen waren. »Diesen Film drehen Sie nicht«, so der Befehl von oben. Oben hieß: Horst Wendlandt, bei dem ich immer noch unter Vertrag stand. »Wenn Sie den Film drehen, fliegen Sie vielleicht raus bei Rialto und können die Schulden für Ihre Ausbildung nicht zurückzahlen.« Ich sagte: »Dieses Risiko gehe ich ein.« Auch meine Agentin warnte eindringlich: »Sie machen sich alles kaputt.« Warum waren alle dagegen? *Zur Sache, Schätzchen* war eine Low-Budget-Produktion. Hohe Gagen waren nicht zu erwarten. Aus Kostengründen sollte in Schwarz-Weiß gedreht werden. Wer dreht denn heute noch in Schwarz-Weiß?, fragten die Kritiker. Der Film sei unmodern, bevor er überhaupt in die Kinos komme.

May Spils und Werner Enke, die Regisseurin und ihr Hauptdarsteller, waren ein Paar und hatten das Drehbuch gemeinsam geschrieben, bevor sie sich mit Filmproduzent Peter Schamoni zusammentaten. Dieser hatte mich kurz zuvor als Apanatschi gesehen und schlug mich für die Besetzung der Barbara vor. Daraufhin kam es zu einem ersten Treffen von May, Werner, Schamoni und mir. May schaute mich an und meinte: »Ja, die gefällt mir ganz gut.« Und weiter: »Wollen wir denn jetzt mal ein paar Probeaufnahmen mit ihr machen?« Warum redet sie denn nicht *mit* mir?, fragte ich mich und sagte zu ihr: »Und wer sind Sie?« – »Ich führe Regie.« Ich war perplex. Das hat mir spontan gefallen: eine Regisseur*in*. Ich hatte bislang fünf Hauptrollen gespielt, immer in Filmen mit männlichen Regisseuren.

May war 26 Jahre alt, fast mein Alter, und eine der wenigen Regisseurinnen, die es zu der Zeit überhaupt in Deutschland gab. Sie strahlte eine ungeheure Energie und Leidenschaft aus. Ich war überzeugt, dass sie anders arbeiten würde als ein Mann. Das reizte mich. Es hat mich wahnsinnig interessiert, wie eine Frau Regie führt. Sie wiederum muss von Anfang an gespürt haben, wie wichtig der radikale Gegensatz zwischen Werner und mir für ihren Film war. Werner faszinierte mich, wie gesagt, in seiner Kompliziertheit und Verschrobenheit. Ich faszinierte ihn in meiner Bodenständigkeit. »Uschi war genau richtig: Mädchen aus gutem Hause, keine Partynudel«, resümierte May später.

Mein Bauchgefühl sagte mir: Dieser Film ist wichtig für dich. Entgegen allen Unkenrufen sagte ich zu.

So etwas Verrücktes wie die Dreharbeiten mit Werner hatte ich dann aber doch nicht erwartet. Er war ein Chaot durch und durch, der aus allem, egal was es war, eine schwierige Angelegenheit machte. Sein Motto lautete: Kommst du heut' nicht, kommst du morgen. Meines: Pünktlich, vorbereitet, parat sein. Für Leute wie Werner war ich eine hoffnungslose Spießbürgerin. An einem Morgen sollte eine Szene im Münchner Tiergarten gedreht werden. Das ganze Team war auf Stand-by, nur Werner tauchte nicht auf. Seit neun Uhr warteten wir … und warteten … und warteten … Kein Werner weit und breit. Alle waren angefressen. Am späten Mittag erschien er mürrisch. Das Erste, was er sagte: »Ich kann nicht drehen.« Und: »Hat jemand mal 'ne Zigarette?« – »Bitte, Werner, reiß dich zusammen, wir müssen jetzt drehen«, sagte May. Werner ignorierte sie und rauchte. »Nein, heute nicht.« Jetzt rauchte ich auch, vor Wut, schnappte mir meine Tasche, rief May noch zu: »Ich bin weg«, und verschwand vom Set. »Weißt schon, was passiert ist?«, sagte May zu Werner. »Was denn?« – »Die Uschi ist weg!« – »Nee, die Uschi geht doch *nie*.« In dem Moment lief Werner los und holte mich auf dem Parkplatz ein, wo ich gerade in mein Auto steigen wollte. »Uschi, wo willst denn hin?« – »Nach Hause. Ich habe die Nase so voll davon, wie du das ganze Team schindest.« – »Hab's doch nicht so gemeint«, sagte Werner. »Wenn du willst, drehen wir jetzt!« Ich war so sauer, ging aber mit. Lange böse sein konnte ich ihm nicht, denn im Grunde seines Herzens war er liebenswert.

Trotz aller Widrigkeiten wurde der Film fertiggestellt. Die Uraufführung fand am 4. Januar 1968 in München statt. Das *Schätzchen* traf den Nerv der Zeit. Niemand hatte mit dem gigantischen Erfolg gerechnet. Plötzlich lobten alle die Idee, nicht in Farbe, sondern in Schwarz-Weiß zu drehen. Wie modern! Ich weiß noch, wie ich im Auto zur Premiere im Lenbach-Kino fuhr und plötzlich ein riesiges Filmplakat vor mir auftauchte, das über die gesamte Hausfassade gespannt war. Und darauf sah man mich in der Korsage. In dem Moment wurde mir schon ein bisschen flau. Ich ahnte, was von nun an auf mich zukommen würde. Sechs Millionen Menschen schauten sich den Film an, der die wichtigsten deutschen Filmpreise gewann. Peter Schamoni wollte unbedingt noch einen zweiten Teil drehen, aber May war von Anfang an dagegen. Sie war davon überzeugt, eine Fortsetzung könne nur schlechter werden. Mich hätte es gereizt, noch einmal mit Werner zu spielen. Aber es ergab sich leider nie wieder eine Gelegenheit.

May und Werner leben immer noch zusammen. Ein kongeniales Künstlerpaar. Leider musste May Mitte der 80er-Jahre ihre Filmarbeit beenden. Sie litt plötzlich unter einem starken Tinnitus. »Das ging los bei meinem letzten Film«, erzählte sie. »Letztlich gibt es nur ein Mittel gegen den Tinnitus: Stressvermeidung. Ich fing an, mich spirituell weiterzubilden, und habe mich intensiv mit Religionen beschäftigt. Nicht das Filmen hat mich gestresst, sondern das Drumherum: die Pressetermine, die roten Teppiche, das Rampenlicht, die Öffentlichkeit, all das vermisse ich nicht. Dennoch ist der Tinnitus niemals ganz verschwunden, aber ich habe gelernt, mit ihm zu leben.« Auch Werner drehte danach keine Filme mehr, außer mit May wollte er mit keinen anderen Regisseuren arbeiten.

Zur Sache, Schätzchen hat bis heute nichts von seinem Witz und seiner Originalität verloren. Kaum ein Film aus der Zeit wurde so ausführlich analysiert. Er war Thema an Filmhochschulen und Gegenstand akademischer Arbeiten. Anlässlich des 80. Geburtstags von Werner schrieb die *Frankfurter Allgemeine Zeitung* im Jahr 2021 über das Zusammenspiel von May und Werner: »Nie wirkte Deutschland so jung wie in den Filmen der beiden.«

Anziehend ausgezogen

einer Wirkung auf andere Menschen war ich mir schon bewusst, aber ich habe mich nie als Sexsymbol empfunden und wäre auch nicht auf die Idee gekommen, ein Männertraum zu sein. Meine Selbstwahrnehmung war eine ganz andere. Ich empfand mich als etwas zu pummelig, und mir gefielen meine Beine nicht. Es rührt mich, wenn heute – mehr als ein halbes Jahrhundert nach dem *Schätzchen* – immer noch fremde Menschen auf mich zukommen und sagen: »Ihr Foto hing in meinem Zimmer.« Oder: »Ich war damals so in Sie verliebt.« – »Warum denn das«, antworte ich manchmal scherzhaft, »Sie kannten mich doch gar nicht.«

Die berühmte Korsage zog ich an, weil ich mich nicht ausziehen wollte. Von Anfang an hatte ich gegenüber May Spils und Peter Schamoni klargestellt: »Keine Nacktszenen.« Aus diesem Grund hatte ich schon einige andere Filmangebote ausgeschlagen. Wenn ich damals ein Drehbuch las, kam meistens spätestens auf Seite 20 die unvermeidliche Regieanweisung: »Die Darstellerin zieht sich aus.«

Eine zentrale Szene im Film ist die auf der Polizeiwache: Barbara versucht die Polizisten von Martin abzulenken, indem sie ihr Kleid fallen lässt, damit Martin, den man fälschlicherweise des Einbruchs verdächtigt, flüchten kann. So war die Szene im Drehbuch beschrieben. Wenige Tage, bevor wir drehen wollten, versuchten es May und Schamoni dann doch bei mir: »Ach, Uschi, du hast doch so eine hübsche Figur.« Oder: »Wenn es denn sein muss, wir können dich auch von hinten filmen.« – »Auf keinen Fall«, sagte ich. »Wir haben es abgemacht. Keine Nacktszenen.« – »Nur ein bisschen und ganz kurz, nur die eine Brust aufblitzen lassen?« – »Passt auf«, sagte ich abschließend, »lasst euch überraschen. Ich denke mir was aus und führe es euch vor.«

Die Idee mit der Korsage hatte ich schon längst im Kopf. Um mein Vorhaben umsetzen zu können, brauchte ich das entsprechende Kleid, denn es musste in der Szene im genau richtigen Moment von meinem Körper gleiten. Dafür traf ich mich mit Bernd Stockinger, dem Münchner Modemacher und Inhaber der legendären Boutique Sweetheart in der Leopoldstraße. Bernd entwarf daraufhin das Kleid, das ich später im Film trug. Der Stoff wurde nur von einem Band um den Hals gehalten, löste man die Knöpfe, fiel er sanft zu Boden. Als Nächstes die Korsage. Ich ging zu Frau Krines, die einen Miederwarenladen in der Residenzstraße führte. Ich wolle keine der üblichen Korsagen, die ausschauten wie eine gepanzerte Rüstung, erklärte ich. »Ich brauche eine Korsage, die alle umhaut.« – »Des kriegen mia hin«, versprach Frau Krines, nahm sich Schere und Nähzeug und begann an einer Korsage herumzuschneidern. Hier ein bisschen mehr, dort ein bisschen weniger. Das Resultat war die blütenweiße Korsage mit den hellblauen Schleifen und Rüschen (deren schöne Farbe dem Schwarz-Weiß-Film zum Opfer fiel). Sie saß perfekt an meinem Körper. Wie für mich gemacht (und das war sie auch).

»Bevor wir die Szene in der Polizeiinspektion drehen, führe ich euch vor, was ich mir ausgedacht habe«, sagte ich am nächsten Tag zu May. Außer ihr, der Maskenbildnerin und mir waren an diesem Tag, wie meistens, nur Männer am Set. Die Schauspieler, die Kameramänner, die Tontechniker, der Mann fürs Licht. Die Szene sollte in einer Parterrewohnung gedreht werden, die man in eine Polizeiwache umgewandelt hatte. Von der Straße aus konnten Passanten zuschauen. Für ausreichend Publikum war also gesorgt. Auf Mays Zeichen hin legte ich los mit meiner kleinen Showeinlage. Langsam löste ich die Knöpfe um meinen Hals. Wie geplant, glitt mein Kleid nach unten und enthüllte – zur Überraschung aller – die wunderbare Korsage. Und kein bisschen mehr. Niemand sagte ein Wort. May beobachtete nicht nur mich, sondern auch ganz genau die Reaktionen der Anwesenden. Dann sagte sie: »So machen wir's.« Ich war erleichtert, die Korsage war gekauft.

Das Kleid und die Korsage habe ich selbst bezahlt. Aber das war es mir wert. Dass sie einmal Filmgeschichte schreiben würde, ahnte ich natürlich nicht, als die alte Dame Krines mit Schere und Verve ans Werk ging.

Leider ist die Korsage irgendwann im Laufe der vergangenen Jahrzehnte spurlos verschwunden. Vermutlich landete sie bei einem meiner Umzüge irrtümlicherweise in der Altkleidersammlung. Mit großer Wahrscheinlichkeit existiert sie schon längst nicht mehr. Vielleicht fand sie aber über verschlungene Wege ein neues Heim bei einem dankbaren Paar, dessen Liebesleben sie ein bisschen aufpeppte. Das ist zumindest eine amüsante Vorstellung.

Das leidige Ausziehen. Auch nach dem *Schätzchen* blieb ich konsequent und habe mich niemals nackt vor der Kamera gezeigt. Man konnte mir noch so oft sagen: »Das machen doch alle!« Okay, meinetwegen, nur ich wollte es nicht machen. In meinen Augen war das keine Prüderie, auch wenn andere mich als wahnsinnig spießig und prüde bezeichneten. Als Schauspielerin musste ich ohnehin immer viel von mir preisgeben. Man macht sich seelisch nackt, da brauchte es nicht auch noch die körperliche Nacktheit. Wahrscheinlich hätte ich mich auch geschämt, mich mindestens unwohl dabei gefühlt, mich vor 20 Männern nackt hinzustellen. Dabei hätte es auch keinen Unterschied gemacht, die Anwesenden rauszuschicken, *closed set*, denn spätestens im Kino oder im Fernsehen wäre ich zu sehen gewesen. Durch das Entblößen hätte ich mich schutzlos gefühlt. Es war auch nie eine Frage des Geldes. Der *Playboy* hätte hohe Honorare gezahlt.

Erstaunlicherweise war ich diejenige, die sich permanent dafür rechtfertigen musste, dass ich mich *nicht* auszog, und nicht diejenigen, die das von mir verlangten. Wenn manche es anders hielten als ich, war das deren Sache, nicht meine. Ich wollte weder Schiedsrichterin noch Moralapostelin sein. Darüber führte ich viele Diskussionen, erstaunlicherweise auch mit Frauen, die mich ernsthaft glauben machen wollten, sich nackt vor einer Kamera zu zeigen, sei ein Akt der Emanzipation. Mit meiner Verweigerung, so argumentierten sie, fiele ich allen emanzipierten Frauen in den Rücken. »Und wenn du barbusig ins Schwimmbad gehst, glaubst du nicht, dass du ein Opfer der Begierde wirst, weil dir jeder Mann auf die Brust schaut?«, fragte ich sie. »Ist es etwa befreiend, angeglotzt und beurteilt zu werden?« An diesem Punkt endeten die Diskussionen. Ich war eh als Verräterin an der Sache der Frauen abgestempelt.

Aus Gesprächen weiß ich, dass viele Kolleginnen, jüngere wie ältere, es hinterher bereuten, sich ausgezogen zu haben.

»Ich habe mich überreden lassen«, heißt es oft. »Obwohl ich nicht einverstanden war, habe ich es trotzdem gemacht.« Jede Frau sollte selbst entscheiden, wie sie mit ihrem Körper umgeht. Was sie zulässt und welche Grenzen sie setzt. Wenn du kein gutes Gefühl dabei hast, wenn dir dein Bauch sagt, eigentlich will ich das nicht, dann sei mutig!

Sage Nein!

Ich wollte niemandem gehören

*D*ieses Mittagessen im Hahnhof werde ich niemals vergessen. Der Hahnhof war eine bekannte Studenten- und Künstlerkneipe in der Leopoldstraße, beliebt bei der Jugend, weil man hier für wenig Geld trinken und essen konnte. Das Krügerl Wein war so günstig wie sonst nirgends, dazu gab es kostenlos einen Korb voller Brot. In den Hahnhof ging man aber auch, weil sich hier die Szene traf. Filmleute, Kreative, Künstler und Lebenskünstler. Man fachsimpelte über die neuesten Filme und Bücher, tratschte und lästerte über alle, die gerade das Pech hatten, nicht anwesend zu sein, und diskutierte die politische Weltlage.

An diesem Tag wollte ich mit einer Freundin, die zu Besuch war, im Hahnhof einkehren. Wir betraten das Lokal, das wie immer brechend voll war, und ich schaute mich nach einem Tisch um. In dem Moment fing der ganze Saal an zu buhen und zu pfeifen. Immer lauter: BUUUHHH! Ui, wer kommt denn da?, dachte ich und drehte mich um, um zu sehen, wer hinter uns stand, dem diese Feindseligkeit galt. Hinter mir aber war niemand. Da erst kapierte ich: Sie meinten mich! Ich war diejenige, die ausgebuht und ausgepfiffen wurde. Nicht von ein paar wenigen, nein, kollektiv von allen! Ausgerechnet im Hahnhof, meinem zweiten Zuhause, in dem ich so viele gesellige Abende mit meiner Clique verbracht hatte.

Ich war zutiefst erschüttert. Und jetzt? Umdrehen und die Flucht ergreifen? Ich überlegte nicht lange, ging erhobenen Hauptes durch das Lokal und setzte mich an einen freien Tisch. Die Buhrufe verstummten, die feindseligen Blicke blieben. Ich wollte das aushalten und nicht kneifen. Was seid ihr doch für Kleingeister, dachte ich. Ein ähnliches Erlebnis hatte ich im Alten Simpl in der Türkenstraße, einem legendären Künstlertreff.

Was war geschehen? Nach dem *Schätzchen* ging es damit los, dass Leute aus meiner Clique mich zu überreden versuchten, mich »wie alle anderen« (schon wieder dieses Argument) mit Willy Brandt zu solidarisieren. Ständig wurden Solidaritätslisten herumgereicht. »Hier, Uschi, unterschreib für Willy, wir machen alle mit.« Aber das wollte ich nicht. Ich hatte keine Lust, mich vereinnahmen zu lassen. »Ihr wählt euren Willy, ich nicht«, sagte ich. »Seid froh, wenn ich die Einzige aus unserer großen Runde bin, die ihn nicht wählt.« Aber immer wieder hieß es: »Jetzt stell dich nicht so an.« Es ging mir damals nicht nur um Willy Brandt. Gegen ihn persönlich hatte ich nichts, und ich weiß natürlich um seine Verdienste bei der Aussöhnung mit unseren Nachbarn im Osten.

Aber dass einige aus der linken Szene damals mit der RAF liebäugelten, die PLO verherrlichten, sich cool fanden, wenn sie sich einen Arafat-Schal umbanden, um dann Israel zu verteufeln – diese Form des Antisemitismus, die unter jungen Menschen verbreitet war, gerade nach den Erfahrungen unserer Geschichte, war mir unbegreiflich. Und dass an allem Übel in der Welt natürlich der böse, böse Ami schuld war, obwohl jeder vernünftige Mensch, ich auch, gegen den Vietnamkrieg war; dass man die DDR glorifizierte, weil die Menschen unter dem SED-Regime und in den Ostblock-

Staaten ja so gut lebten – das alles ging mir gegen den Strich. Wenn ich die Frage stellte: »Bist du denn jemals in einem kommunistischen Land gewesen? Sollen wir mal zusammen durch die DDR fahren, damit du weißt, wie sich das anfühlt?«, kam nur Schweigen zurück. Wie konnte man nur so verbohrt und weltfremd sein? Ich verstand es nicht. Und die ganze Szene schwamm mit in diesem Strom des Einerlei. Andere Meinungen zählten nicht. Mein Demokratieverständnis war ein anderes.

Auf diesem Niveau liefen die Debatten ab und gipfelten in Aussagen wie: »Entweder du machst mit und gehörst weiterhin zu uns. Oder du machst nicht mit, dann bist du draußen.« Ich war draußen. Weil ich mich nicht erpressen lassen wollte. Bei den jungen Filmemachern bekam ich von da an kein Bein mehr auf den Boden. Ich konnte es mir aber auch nicht leisten, eine Zeit lang nicht zu arbeiten. Das wollte ich auch gar nicht. Ich musste nicht nur für mich selbst sorgen, sondern hatte immer noch Schulden zu begleichen. Weil die Türen beim Neuen Deutschen Film für mich geschlossen blieben, hatte ich das Glück, verstärkt international arbeiten zu dürfen, unter anderem in Frankreich und Italien. In Deutschland drehte ich Komödien wie die Pauker-Reihe oder Filme mit Roy Black – sogenannte leichte Kost. Kein Fassbinder, kein Schlöndorff, kein Werner Herzog, aber erfolgreiche Kinofilme, die beim Publikum ankamen.

Dennoch, die Situation machte mich traurig und wütend zugleich. Was war das für ein kleinkarierter Verein? Ich wollte ihnen sagen: »Als wäre ich allein das Unglück einer ganzen Generation! Ja, ihr habt eure Meinung, ich habe meine Meinung, lasst uns reden, aber uns nicht entzweien. Ich tue euch doch nicht weh, nur weil ich anders denke.« Nur, das wollte keiner von den Linken hören. Stattdessen war ich jetzt »die schwarze Ziege« und »die CSU-Uschi«. Vielleicht waren die Reaktionen auf meine Haltung auch deswegen so stark, weil das *Schätzchen* zu einer Art Ikone der 68er-Bewegung geworden war. Sie dachten, ich gehöre ihnen.

Endgültig unten durch war ich, nachdem ein Foto vom Münchner Filmball veröffentlicht worden war, das mich neben Franz Josef Strauß zeigte. Die Veranstalter hatten mich am Tisch des Ministerpräsidenten platziert, mit dem ich mich im Laufe des Abends sehr angeregt unterhielt. Für mich war das eine Selbstverständlichkeit, für meine »Freunde« ein Tabubruch. Sie nahmen zwar den Filmpreis mitsamt Geldsegen vom Freistaat gern entgegen, verweigerten Strauß aber den Handschlag. Das wiederum fand ich respektlos.

Man konnte von Franz Josef Strauß halten, was man wollte, aber als Tischnachbar war er ein anregender und schlagfertiger Gesprächspartner, hochgebildet. Wir unterhielten uns einmal über seine Fähigkeit, diagonal zu lesen, das heißt, er schaute sich eine Seite mit Text an und hatte den Inhalt auf einen Blick verinnerlicht. Das hat mich fasziniert.

Meinem Vater, dem alten Sozi, passte meine Bekanntschaft mit Strauß natürlich gar nicht. »Was machst denn du mit dem?«, fragte er abfällig. Aber politisch kamen wir beide eh auf keinen grünen Zweig mehr. Er blieb ein SPD-Mann, und ich war keine SPD-Frau, aber auch keine, die sich von einer anderen Partei vereinnahmen lassen wollte. Entgegen landläufiger Meinung habe ich das auch nie getan!

Nachhaltig geprägt hat mich die Begegnung mit Marianne Strauß. Eine beeindruckende Frau mit einer anpackenden Art. Sie war weit mehr als die First Lady Bayerns (und als Ehefrau von Franz Josef Strauß musste sie einiges aushalten;

für die Kulturschaffenden war auch sie ein rotes Tuch). Sie hielt die Familie zusammen, zog drei Kinder groß und war eine taffe Geschäftsfrau, die das Familienvermögen verwaltete. Sie wirkte hinter den Kulissen, die Öffentlichkeit nahm sie zumeist als »die Frau von …« wahr, was ihr bei Weitem nicht gerecht wurde. Marianne Strauß lernte ich ebenfalls auf dem Münchner Filmball kennen. Wir hatten schnell einen Draht zueinander. Ich weiß noch, dass sie sich sehr für die Arbeit der SOS-Kinderdörfer interessierte. Ich war seit Kurzem Botschafterin für das SOS-Kinderdorf am Ammersee, das erste in Deutschland. Von da an trafen wir uns in unregelmäßigen Abständen, bei offiziellen Veranstaltungen oder im privaten Rahmen. »Uschi, wenn Sie sich mal in München engagieren wollen«, sagte sie eines Tages, »es gibt da ein Frauenhaus …« Und dann sprach sie über das Frauenhaus in München, das sie mitinitiiert hatte. Marianne Strauß erzählte von den Frauen und ihren Kindern, die dort Zuflucht fanden, und berichtete, wie schwer es sei, für misshandelte Frauen, Opfer physischer und psychischer Gewalt, eine Lobby zu schaffen. Das Frauenhaus war für Marianne Strauß eine Herzensangelegenheit. Das spürte man, wenn sie darüber sprach. Die Adresse war geheim, das Haus selbst eine Festung mit automatischen Türen. Nur wenn man vorher anrief, wurde man eingelassen. Frauen, die Hilfe suchen, nehmen in der Regel zunächst telefonisch Kontakt auf, dann trifft sich eine Mitarbeiterin der Frauenhilfe mit der Hilfesuchenden an einem neutralen Ort. Die Anonymität des Hauses und seiner Bewohnerinnen ist am wichtigsten, nur so kann deren Schutz garantiert werden.

Ich habe das Frauenhaus jahrelang unterstützt, sammelte Kleidung und Spielzeug und nahm an vielen Gesprächen teil.

Zu hören, was Frauen durchgemacht hatten, bis sie an den Punkt kamen, an dem die Flucht in ein Frauenhaus den letzten Ausweg darstellte, war erschreckend. Und wenn Frauen dann zu ihren Peinigern zurückkehrten, weil sie sich aus dieser Abhängigkeit nicht lösen konnten, machte mich das sprachlos. Meine Erfahrungen mit dem Frauenhaus liegen Jahrzehnte zurück. Ja, Frauen sind heute selbstbestimmter und unabhängiger als damals, aber was sagt es über unsere Gesellschaft aus, dass häusliche Gewalt immer noch sehr stark zunimmt und der Bedarf an Frauenhäusern heute größer ist denn je?

Marianne Strauß starb 1984 bei einem Autounfall. Sie war eine gestandene Frau mit Haltung und Rückgrat. Ich glaube bis heute, dass es kein Unfall war …

Strauß hin, Strauß her. Um ein für alle Mal mit der »schwarzen Uschi« aufzuräumen: Ich sehe mich als moderne, emanzipierte Bürgerin, die sich nicht auf eine politische Partei festlegen lässt. Aus dem Buchstabensalat der Parteien habe ich mich zwar für das »C« und das »S« entschieden. Christlich und sozial zu sein, ist aber nicht gleichbedeutend mit der CSU.

Demokratie bedeutet, Kompromisse zu schließen, denn keine Partei erfüllt immer alle Wünsche eines Wählers. Also muss ich mich für eine Partei entscheiden, die am ehesten meinen Vorstellungen entspricht und diese hoffentlich auch umsetzt.

Auch mit der CSU schepperte es einige Male ganz schön heftig. Zum Beispiel das CSU-Prestigeprojekt Betreuungsgeld (die »Herdprämie«) für Familien, die ihre Kinder nicht in die Kita geben, sondern zu Hause betreuen. Ein Riesenfehler! Es sollte stattdessen eine Kita-*Pflicht* geben, damit Kinder nicht nur soziales Verhalten, sondern frühzeitig auch die deutsche Sprache lernen, denn in vielen Familien wird zu Hause nicht Deutsch gesprochen. Mit dem Ergebnis, dass diese Kinder mit nur rudimentären Deutschkenntnissen eingeschult werden. Und einen schlechteren Start könnten sie kaum haben. Und: Jede junge Frau sollte nicht nur in der Lage sein, sondern das Recht haben, sich zu entfalten und eine berufliche Basis zu finden, um nicht in eine Abhängigkeit zu geraten. Das Betreuungsgeld der CSU führte aus meiner Sicht in eine ganz falsche Richtung.

Als klassisch konservativ sehe ich mich nicht, vielmehr bin ich mit einem Fuß wertkonservativ. Respekt und Toleranz sind zwei zentrale Begriffe in meinem Wertesystem. Respekt und Toleranz gegenüber jeder und jedem, unabhängig von Geschlecht, Herkunft, politischer Gesinnung (solange sie auf den Grundpfeilern unserer Demokratie steht) und sexueller Orientierung. Diesen Respekt fordere ich aber auch von anderen ein.

Mein Mann sagte einmal, nur halb ernst gemeint, ich hätte eigentlich in die Politik gehen müssen. Ich glaube, das wäre keine gute Entscheidung gewesen. Allein am Fraktionszwang wäre ich gescheitert. Und an der Parteidisziplin wäre ich vermutlich erstickt.

Lange nach den politisch turbulenten Jahren, den 60ern und 70ern, sprach ich einmal mit Volker Schlöndorff über diese Zeit. Wir hatten uns damals über Werner Enke kennengelernt und waren ein paar Mal in Schwabing zusammen ausgegangen. Wir mochten und schätzten uns, auch wenn politisch Kontinente zwischen uns lagen. Aber über Politik redeten wir eigentlich nicht. Irgendwann um das Jahr 2000 herum, auf einer Weihnachtsfeier in Berlin, zu der Horst Wendlandt eingeladen hatte, traf ich Volker nach langer Zeit wieder. Ich erzählte ihm, wie ich mich damals gefühlt hatte, als man mich ausgrenzte und abstempelte. Volker sagte, das sei ihm so gar nicht bewusst gewesen: »Die Gesellschaft war damals so sehr polarisiert, speziell in München, entweder man war links oder rechts, man war für Strauß oder gegen ihn. Aber ich kann mir nicht vorstellen, dass dir wegen solchen politischen Sachen keine Rollen mehr angeboten wurden, also würde ich auch nicht von einer Kampagne gegen dich sprechen. Du gehörtest ja auch nicht zu den Schauspielern der ›Alten Garde‹ aus Opas Kino, um die wir tatsächlich (sehr zu Unrecht!) einen Bogen machten. Der junge deutsche Film wollte seine eigenen Darsteller aufbauen und hatte kein Interesse am Schnulzenkartell, so nannten wir das damals. Und daran hielten wir uns.«

War ich also bei den jungen Filmemachern außen vor, weil ich »Schnulzen« drehte (so sieht es Volker)? Oder drehte ich Unterhaltungsfilme, weil mich die Filmemacher nicht wollten (meine Erinnerung)? Letztlich ist es wurscht. »Wenn es so war, wie du es empfunden hast, dann tut es mir leid«, sagte Volker, »denn das war dir gegenüber nicht fair.« Über diesen Satz habe ich mich von Herzen gefreut.

Kürzlich radelte Rainer Langhans, wie üblich ganz in Weiß gekleidet, in Nymphenburg an mir vorbei über die Straße, während ich im Auto auf Grün wartete. Ich wollte hupen und ihm Hallo sagen. Aber dann dachte ich, besser nicht, sonst erschrecke ich ihn nur unnötig auf seinem Fahrrad. Rainer, die 68er-Ikone schlechthin, hat mal gesagt, für ihn sei ich die einzig wahre 68erin, weil ich damals immer gegen den Strom geschwommen sei. Wenn du das hier liest, lieber Rainer, sei herzlich gegrüßt.

»Vorsicht Glas!« damals…

…und heute!

Meine Mutter Josefa und wir Kinder kurz nach meiner Geburt. Links meine große Schwester Sigrid, ganz rechts Gerhard, der Zweitälteste, und daneben Heidi.

Dieses Foto unseres Familienausflugs hat mein Bruder Gerhard geschossen. Wer keinen Platz auf dem Motorrad oder im Beiwagen fand, ist auf dem Fahrrad hinterhergefahren.

Rechts: Ein Foto, das mein guter Freund Alfred machte, als ich 17 Jahre alt war – meine Sturm- und Drangzeit.

Meine Mutter Josefa, von meinem Vater »Pepilein« genannt, war eine stolze Frau.

Mein Vater Christian – von ihm habe ich die Nase und die Lippen.

1943, während der deutschen Besatzung, schickte er meiner Mutter eine Postkarte aus Paris.

Da war er, der
graue Lappen!
Der Führerschein
bedeutete Freiheit.

Der »Glaserati«, mein erster Neuwagen, hergestellt in der Automobilfirma
Hans Glas GmbH (mit dessen Inhaber ich weder verwandt noch verschwägert bin).

Oben: Mein erster Job: Bei Maschinen Bayer, hier mit Frau und Herrn Bayer, arbeitete ich in der Buchhaltung und im Verkauf.

WINNETOU und das Halbblut Apanatschi

In *Winnetou und das Halbblut Apanatschi* spielte ich meine erste Hauptrolle – auf die ich noch heute öfter angesprochen werde als auf alle anderen.

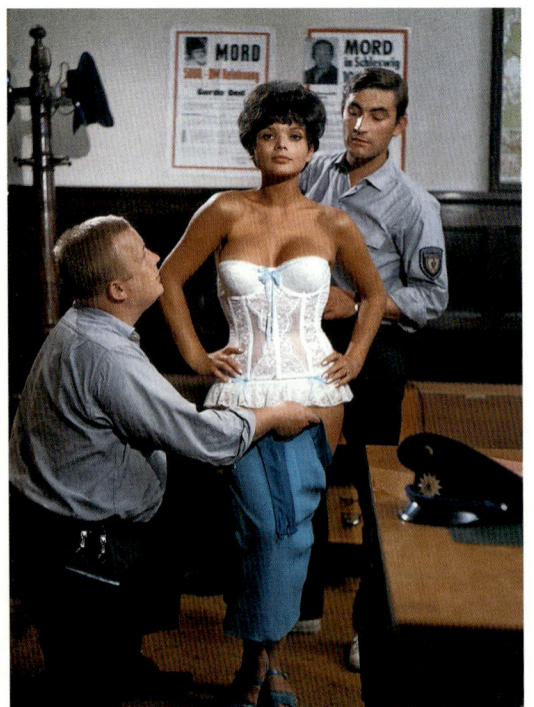

ILLUSTRIERTER
film-Kurier
Nr. 236

zur Sache Schätzchen

Der Film, von dem mir alle abrieten, und der letztendlich mein Durchbruch war: *Zur Sache, Schätzchen*

Die berühmte Szene auf der Polizeistation. Anstatt mich auszuziehen, ließ ich mir eine Korsage schneidern, die schon bald ein Stück Filmgeschichte wurde. Leider ist sie verschollen.

Das Foto, das mir »die 68er« nie verziehen haben: Im Gespräch mit Franz Josef Strauß beim Bayerischen Filmpreis.

Meinen ersten Bambi gewann ich für *Zur Sache, Schätzchen.* Bei der Verleihung saß ich in einer Reihe mit Heinz Rühmann, Omar Sharif (mit dem ich danach noch in einem Münchner Nachtclub feierte) und Lorne Greene.

Helmut Berger, mit dem ich einen Sommer lang das Londoner Nachtleben unsicher gemacht hatte, schickte mir dieses Telegramm zu einer Theaterpremiere.

Curd Jürgens, Weltstar, Lebemann, »Edel-Kommunist«, wurde zu einem väterlichen Freund.

hootings waren immer auch ne Inszenierung: Ganz natür- ch während Dreharbeiten in om. Und als Vamp, kurz nach einem Auftritt mit wilder Mähne im Film *Die Weibchen*.

An einem Filmset in Kärnten mit Roy Black. So war er wirklich: natürlich, unverstellt und ausgelassen.

Nicht die Beatles oder die Stones. »Nur« Roy und ich bei der Filmpremiere von *Wer zuletzt lacht, lacht am besten* in Offenburg. Wo Roy auftauchte, flippten die Fans aus.

Die 20 beliebtesten Filmschauspielerinnen

Stars der Otto-Wahl 1971

1. Uschi Glas
315 542 Stimmen

2. Romy Schneider
51 917 Stimmen

3. Gila v. Weitershausen
24 106 Stimmen

4. Senta Berger
11 443 Stimmen

5. Marie Versini
9 936 Stimmen

6. Sophia Loren
6 970 Stimmen

7. Raquel Welch
6 624 Stimmen

8. Brigitte Bardot
4 925 Stimmen

9. Karin Dor
3 898 Stimmen

10. Liselotte Pulver
3 072 Stimmen

11. Claudia Cardinale
2 966 Stimmen

12. Julie Christie
2 458 Stimmen

13. Ingrid Bergman
1 603 Stimmen

14. Loni v. Friedl
1 495 Stimmen

15. Mia Farrow
1 152 Stimmen

16. Elizabeth Taylor
1 133 Stimmen

17. Grethe Weiser †
1 114 Stimmen

18. Shirley MacLaine
614 Stimmen

19. Michèle Mercier
614 Stimmen

20. Gina Lollobrigida
557 Stimmen

Nächste Woche die beliebtesten Schlagersänger

BRAVO, immer wieder *BRAVO*: Das Magazin hat mich viele Jahre durch mein Leben begleitet. Über die Vergabe der Ottos wurde in einer Publikumswahl entschieden, weshalb ich mich besonders freute, wenn ich auf dem ersten Platz landete.

Meine Boutique Uschis Kindermoden bestand von 1970 bis 1986 in der Münchner Brienner Straße.

Rechts: Elmar Wepper und ich in *Unsere schönsten Jahre*. Mit keinem anderen Schauspieler stand ich häufiger vor der Kamera.

Mit meinem Entdecker Horst Wendlandt im Jahr 1984. Kennengelernt hatten wir uns Anfang der 60er auf einer Filmpremiere, kurz darauf schickte er mir das Drehbuch des Edgar-Wallace-Films *Der unheimliche Mönch*. Darin übernahm ich meine allererste (kleine) Rolle.

Am Set von *Anna Maria – Eine Frau geht ihren Weg*. Hier und im Leben habe ich das Lenkrad gern in der Hand.

Hubert Burda hatte die Idee für »Uschi Nationale« auf dem *BUNTE*-Cover.

Bora Dagtekin, der Regisseur von *Fack ju Göhte*, wollte mich unbedingt, er kannte mich aus den *Lümmel*-Filmen. Die Rolle der ausgebrannten Lehrerin bedeutete mein Comeback bei der jungen Generation.

Meine Kinder Benjamin, Julia und
Alexander. Das Foto schenkte mir
die Fotografin Sigi Hengstenberg,
mit der ich befreundet war, zu
meinem 60. Geburtstag.

Mit meinem Ehemann Dieter.

Helden im Ring, Helden im Leben: Immer wenn ich die Klitschko-Brüder treffe, habe ich Nackenschmerzen nach unseren Gesprächen.

Mit unserem Verein brotZeit e.V. versorgen Dieter und ich gemeinsam mit vielen Ehrenamtlichen deutschlandweit bedürftige Kinder an Grund- und Förderschulen mit einem ausgewogenen Frühstück.

Frauenbewegt

H ätte ein Partner zu mir gesagt: »Hör doch auf zu arbeiten, ich sorge für dich«, mein Daumen wäre sofort runtergegangen. Da hätte man(n) mich noch so auf Händen tragen können (und Angebote gab es) – keine Chance. Weil ich keinen »Versorger« wollte (allein dieses Wort, nein danke), war ich auf mich gestellt. Mit allen Chancen und Risiken, die damit verbunden waren. Ich habe in all den Jahren, in denen ich berufstätig bin, nicht einen einzigen Drehtag wegen Krankheit versäumt. Meine Tochter erinnerte mich an eine schmerzhafte Erfahrung, die ich offensichtlich verdrängt habe. Einmal musste ich mir während eines Theaterengagements einen Zehennagel entfernen lassen (kurz vor einer Blutvergiftung). Abends musste ich aber auf der Bühne stehen, eine Zweitbesetzung gab es nicht. Statt wie sonst in High Heels, trat ich an diesem Abend nur in weißen Socken auf, die ich über den Verband zog (der dann auch schnell durchgeblutet war). Ich hatte ständig Angst, dass mir einer meiner Bühnenpartner aus Versehen auf den Fuß treten könnte. Mein Einsatz klingt heroischer als er war, denn: keine Vorstellung, keine Bezahlung für das gesamte Team.

Gerade in den Anfangsjahren gönnte ich mir keine Auszeiten. Ich hatte noch keine Familie, keine Kinder. Ich konnte arbeiten, so viel ich wollte. Wenn ich nicht arbeitete, stand meine Fabrik still.

Ich verwende den Begriff Vorbild mit Vorsicht, aber als emanzipierte Frau war Aenne Burda, die Matriarchin des Burda-Verlags, genau das für mich. Weil sie Grenzen überschritt und Klischees durchbrach.

Als ich fürs *Schätzchen* im Jahr 1969 meinen ersten Bambi bekam, war Aenne Burda 60 Jahre alt. Ausgehend von ihrer Idee der Schnittmuster-Bögen hatte sie in wenigen Jahren ein Modeverlagsimperium aufgebaut, das seinesgleichen suchte. Sie war aber mehr als eine Verlegerin, sie galt als *die* Wirtschaftswunderfrau. *Burda Moden* wurde dank Aenne Burda zu einem weltweiten Erfolgsmodell. Ihren Schnittmustern war ich begegnet, lange bevor ich deren Erfinderin traf. Schon meine Mutter hatte nach Aennes Mustern ihre Kleider geschneidert. Irgendwie mochte mich Aenne. Sie, die Mutter dreier Söhne, Franz, Frieder und Hubert, behandelte mich fast wie ein Familienmitglied, wie eine Tochter – aber nicht wie ein kleines Mädchen, denn sie gab mir immer das Gefühl, auf Augenhöhe zu sein. Umgekehrt fühlte ich mich von ihrer starken Ausstrahlung in den Bann gezogen. Als Unternehmerin war sie hochgeschätzt, manch einer hat sich aber auch ein bisschen vor ihr gefürchtet. Denn wenn sie auf den Putz haute, wackelte das ganze Verlagsgebäude. Mir imponierten ihre Willensstärke, ihr Mut und ihr Temperament wahnsinnig. Ihr Standing in einer Männerdomäne hatte sie sich hart erarbeiten müssen. »Uschi, lass dir nichts gefallen.« Niemals in devoter Haltung zu einem Mann aufschauen, immer auf Augenhöhe bleiben!

Mit Aennes Ehemann, Franz Burda, dem Senator, geriet ich einmal aneinander. Eines seiner Burda-Blätter hatte mir eine Affäre mit Fritz Wepper angedichtet. Eine Unverschämtheit, dachte ich und rief den Senator persönlich an. Mir wurde von der Presse ja so einiges angedichtet. Über manchen Unsinn konnte ich lächelnd hinwegsehen. Ging es an meine Ehre, ließ ich mir jedoch nichts gefallen. »Fritz ist ein Kollege. Wir verstehen uns gut, mehr ist da nicht«, sagte ich zum Senator. »Ihre Geschichte ist frei erfunden.« Daraufhin stellte er Helmut Markwort, damals der jüngste Chefredakteur Deutschlands, zur Rede. Helmut gab zu, die Geschichte frei erfunden zu haben, was ihm einigen Ärger einbrachte. Eine Zeit lang war er schwer beleidigt und schaute mich nicht mal mehr von hinten an. Unser Scharmützel versandete aber, heute lachen wir darüber. Helmuts Frau Patricia Riekel, langjährige Chefredakteurin der *BUNTEN,* wurde eine gute Freundin.

Meinen allerersten Bambi, verliehen vom Burda-Verlag, hätte ich übrigens fast verpasst. Die Mitteilung, dass ich ihn erhalten sollte, bekam ich per Telegramm, hielt das Ganze aber für einen üblen Scherz und verkramte das Telegramm irgendwo tief in meinen Unterlagen, wo ich es schnell vergessen hatte. Am Tag vor der Verleihung rief mich meine Agentin an, um zu hören, wie weit ich mit den Vorbereitungen für die Gala sei. »Welche Gala?« – »Na, der Bambi«, sagte sie. »Sie haben doch ein Telegramm bekommen, oder nicht?!« In letzter Sekunde musste alles organisiert werden. Ich brauchte schnell ein Kleid, flitzte in einen Modesalon in München und fand ein passendes Modell aus blauem Stoff. Es hatte nur ein Manko: Es war ein langes Abendkleid, ich aber wollte ein kurzes. Zum Entsetzen der Designerin ließ ich es skrupellos über den Knien abschneiden. Bei der Verleihung in Unterföhring saß ich zwischen *Bonanza*-Held Lorne Greene und Weltstar Omar Sharif und wusste gar nicht, wie mir geschah.

Aenne Burda war nicht nur als Unternehmerin ihrer Zeit

voraus. Sie und Franz Burda führten eine »moderne« Ehe, wie man so schön sagte, was bedeutete, dass die Partner einander die Freiheiten ließen, die sie für sich selbst beanspruchten. Das war ein offenes Geheimnis.

Auch ich wollte mein Leben so gestalten, wie ich es mir vorstellte. Ich hatte zwei mehrjährige Beziehungen hinter mir, die aus unterschiedlichen Gründen auseinandergegangen waren. Mein Privatleben stand immer im Fokus der Öffentlichkeit. »Wann heiratet das Schätzchen endlich?«, fragte die Boulevardpresse. Ich verlor den Überblick über die Liebeleien, Affären und neuen Partner, die mir angedichtet wurden. Hauptsache, die Gerüchteküche brodelt weiter, der Auflage zuliebe. Heißester Kandidat war Roy Black, mit dem ich fünf Kinofilme drehte und gut befreundet war. 1973 lernte ich meinen ersten Ehemann kennen. Ich wusste schnell, das könnte etwas Ernstes werden mit uns. Heiraten wollten wir beide aber vorerst nicht. Auch nicht, als 1976 unser erster Sohn, Benjamin, zur Welt kam. Zu dem Zeitpunkt hatten wir immer noch getrennte Wohnungen. Ich war also alleinerziehend.

Die Presse machte sich ernsthaft Sorgen um die Moral ihres Schätzchens. Bisher hatte ich als wahnsinnig »anständig« gegolten, und jetzt, als unverheiratete Mutter, sollte ich plötzlich *un*anständig geworden sein? Ich hatte nicht grundsätzlich etwas gegen die Institution der Ehe, aber den Zeitpunkt wollte ich immer noch selbst bestimmen. Mir missfiel die Zwanghaftigkeit. Als zum Beispiel ein Produzent bei meiner Agentin anrief und meinte, es sei jetzt aber wirklich an der Zeit, dass wir vor den Traualtar traten, wurde ich trotzig und dachte: Na warte, jetzt schon mal gar nicht. Ehrlicherweise war es auch so, dass zu diesem Zeitpunkt das Konzept

Ehe nicht zu unserem Beziehungsmodell passte. Wir waren zwei Vulkane, so habe ich uns beide einmal beschrieben, und das traf es ganz gut. Immer kurz vorm Explodieren.

Erst sechs Jahre später, vor der Geburt unseres zweiten Sohnes Alexander, heirateten wir dann doch. Ohne Druck von außen, ohne Presse, standesamtlich in Grünwald. Mittlerweile lebten wir auch zusammen in unserem Haus. Uns beiden war es wichtig, dem anderen in der Beziehung Freiräume zu lassen. Vertrauen, Loyalität und Liebe – auf diesem Fundament fußte unsere Ehe. Lange ging es gut. Mein Mann war Filmproduzent, einige meiner erfolgreichsten Serien entstanden in gemeinsamer Arbeit. Das Selbstverständnis junger, moderner Väter, wie es sie heute gibt, fehlte der Generation meines Mannes. Zumindest war es bei uns so, dass Familie und Erziehung zum wesentlichen Teil in den Händen der Mutter, also meinen, lagen. Das soll weder Beschwerde noch Anklage sein, ich wollte es gar nicht anders. Ohne Marianne, unsere Kinderfrau, die bald schon ein Familienmitglied wurde, hätte ich den berühmten Spagat zwischen Beruf und Familie nicht geschafft. Von Marianne, einer Herzensfrau, werde ich noch erzählen.

Mit Gründung der Familie endeten die schönen Zeiten auf Tournee. So sehr ich es auch bedauerte, Theater spielte ich nur noch in München und Umgebung. Ich reduzierte auch meine Drehtage, wollte nur noch die Hälfte des Jahres drehen. Dass ich mir den Luxus, ein paar Monate nicht zu arbeiten, mittlerweile leisten konnte, war ein Privileg. Angebote aus dem Ausland nahm ich kaum noch an, denn Pendeln zwischen zu Hause und einem Drehort in Deutschland war machbar, mehrere Wochen en bloc weit fort zu sein, nicht. Stattdessen konzentrierte ich mich aufs Fernsehen. Notfalls musste man halt Hamburg in München nachbauen. Ich versuchte, so viel wie möglich als Mutter präsent zu sein. Die Kinder in den Kindergarten oder später zur Schule zu bringen, an Elternsprechtagen und Schulfesten Flagge zu zeigen. Nicht alles war möglich, aber vieles. Ein Gefühl der Unzulänglichkeit blieb dennoch immer. Jedes Mal das schlechte Gewissen, wenn ich wegmusste. »Mami, musst du *wirklich* fahren?« – »Ja, aber nur zwei Tage, dann bin ich wieder da.« Jede Mutter wird nachvollziehen können, wie schwer mir da das Herz wurde. Kaum am Drehort angekommen, rief ich zu Hause an. »Mami, was *ist* denn?« – »Ich wollte mich nur melden. Morgen bin ich schon wieder da …« Weiter kam ich nicht. »Ja, ja, jetzt habe ich keine Zeit.« Alles klar, es ging ihnen gut.

Die Erfahrungen, von denen ich erzähle, meine Jahre als Mutter dreier kleiner Kinder, liegen eine gefühlte Ewigkeit zurück. Trotz der Fortschritte, die es bei der Gleichstellung von Frauen und Männern gab, hat sich eines nicht oder nur wenig verändert: Die Erwartungshaltung an Mütter ist immer noch höher als die an Väter. Ich finde es unglaublich, was junge Frauen heutzutage leisten, zumal wenn sie alleinerziehend sind. Der gesellschaftliche Druck – übrigens auch durch andere Mütter –, immer eine Supermama sein zu müssen, ist immens. Nicht wenige Mütter schämen sich zuzugeben, wenn sie an ihre Grenzen kommen, und trauen sich nicht zu sagen: »Ich schaffe es nicht. Ich kann nicht mehr.« Diesen jungen Müttern möchte ich sagen: Schaut, dass ihr euch selber nicht verliert. Du bist jetzt zwar verantwortlich für ein Kind, aber vergiss dabei niemals, dich auch um *dich* zu kümmern und dir *deine* Freiräume zu schaffen. Opfer dich nicht auf, das verlangt niemand von dir, und es macht dich auch nicht zu einer besseren Mutter. Es braucht ein ganzes Dorf, um ein Kind zu erziehen, heißt es. Aber wo findet eine Single-Mom in einer anonymen Großstadt ihr Dorf?

Deswegen: Kinder frühzeitig in die Kita geben, damit sie andere Kinder kennenlernen und nicht nur auf ihre Eltern fixiert sind. Kitaplätze schaffen, damit junge Frauen überhaupt die Chance bekommen, ihrem Beruf nachzugehen. Und: die Ungerechtigkeit bei der Bezahlung von Arbeit abschaffen. Warum eigentlich erhalten Frauen und Männer bei gleicher Qualifikation immer noch nicht den gleichen Lohn? Für viele Unternehmen in Deutschland ist eine Mitarbeiterin, die es sich erlaubt, ein Kind zu bekommen, immer noch ein Totalausfall.

Ich wünsche mir aber auch mehr Mut und Selbstbewusstsein von uns Frauen. Wenn Frauen sich auf einen Job bewerben, sagen sie eher: »Ja, ich glaube, das könnte ich schon machen.« Der Mann hingegen: »Ja, easy, kein Thema. Das mache ich mit dem kleinen Finger.« Traut euch, Mädels! Stellt euer Licht nicht unter den Scheffel! Du musst deine beste Freundin sein. Schau in den Spiegel und sei ehrlich zu dir. Und wenn deine beste Freundin sagt: Das passt nicht. Dann musst du den Mut haben zu sagen: Sorry, das möchte ich so nicht machen. Du musst auch dazu stehen, eine Schlappe einzustecken. Ich habe auch mal eine Filmrolle nicht bekommen, die ich unbedingt wollte. Dann hatte ich halt den Film nicht gekriegt.

Manchmal denke ich, es hat sich nichts geändert. Als ich 1986, mit 42 Jahren, noch einmal schwanger wurde, hatte ich gerade einen Vertrag für eine Fernsehserie unterschrieben. Die Dreharbeiten sollten bald starten, die Kostümprobe hatte schon stattgefunden. Aus Versicherungsgründen machte ich bei meinem Arzt den obligatorischen Check-up. »Du weißt schon, dass du schwanger bist, gell?«, sagte er zu mir. Ich fiel aus allen Wolken. Kind Nummer drei, Julia! Ich rief meine Agentin an. »Was machen wir jetzt?«, fragte sie. »Ich will nicht anfangen zu drehen«, antwortete ich ihr, »nur um auf halber Strecke zu sagen: April, April. Jetzt kann ich nicht mehr. Das wäre unfair.«

Meine Agentin rief also den Produzenten an, um ihm reinen Wein einzuschenken. Seine Reaktion war überaus charmant: »Muss die olle Kuh jetzt noch ein Kind kriegen?« Ja, die »alte Kuh« kriegt jetzt noch ein Kind. »Und wenn der jemals wieder bei dir anruft«, sagte ich zu meiner Agentin, »kannst du ihm ausrichten, dass ich nicht mal darüber nachdenken werde, jemals wieder mit ihm zu drehen. Egal, was er anbietet.« Daran habe ich mich gehalten.

Es kann auch anders gehen, wie das Beispiel meiner Tochter Julia zeigt, die nach der Geburt ihrer Zwillinge schnell wieder in ihren alten Job einsteigen konnte, auch bedingt durch die neue Selbstverständlichkeit des Homeoffice. Julia arbeitet in einem pharmazeutischen Unternehmen, in dem eine Philosophie gelebt wird, die ich für zeitgemäß und zukunftsfähig halte: Eine Mitarbeiterin mit Kind ist eben kein Totalausfall, sondern im Gegenteil ein Gewinn für das Unternehmen. Davon sollten sich andere eine Scheibe abschneiden.

Die Geburt von Julia und die Geburt ihrer beiden Buben verbindet ein – wie ich es ausdrücken würde – schicksalhafter Faden. Andere würden wieder sagen: Was für ein Zufall. In jedem Fall ist es eine aberwitzige Geschichte. Während ich mit Julia schwanger war, war ich die ganze Zeit der felsenfesten Überzeugung, auch dieses Mal wieder einen Sohn zu bekommen. Alle Omen sprachen dafür. Ich hatte nur ein kleines Bäuchlein, blieb recht schlank, hatte kaum Wassereinlagerung, da sagte der Volksmund: Es muss ein Junge werden. Ich bin ein wenig abergläubisch und wollte sowieso gar nicht genau wissen, was es wird. Der Tag der Geburt stand bevor, wieder ein Kaiserschnitt. Vor der OP bekam ich eine PDA, wodurch ich etwas beduselt war, konnte aber sprechen, hören und bekam alles mit, was um mich herum passierte. Im Kreißsaal anwesend war natürlich meine Hebamme, die mich in den vergangenen Monaten begleitet hatte. Eine ältere Dame, sehr erfahren in ihrem Beruf, zu der ich großes Vertrauen hatte. Ebenfalls anwesend war eine andere, sehr junge Hebamme, die sich noch in der Ausbildung befand und der ich bislang nicht begegnet war. Sie hatte darum gebeten, bei der Geburt dabei sein zu dürfen. Sie fand es wohl spannend, dass sie mich aus dem Fernsehen kannte, und war mir irgendwie zugetan. »Kommst halt mit nei«, entschied meine Hebamme. Der Kaiserschnitt verlief problemlos. Mutter und Kind waren wohlauf. »Ich gratuliere Ihnen zu Ihrer *Tochter*«, sagte der Arzt, der Julia wenige Sekunden zuvor zur Welt gebracht hatte. Ich war überwältigt – ein Mädchen! – und weinte vor Freude. Als man mir Julia auf die Brust legte, wollte ich dieses zarte Wesen gar nicht mehr hergeben, bis meine Hebamme schließlich meinte, nun sei es aber an der Zeit, sonst kühle das Mädel noch aus. Und dann durfte die angehende Hebamme mein Baby hochnehmen und hielt es andächtig im Arm. An dieses Bild erinnere ich mich noch gut, trotz meines benebelten Zustands.

Viele Jahre später, 2021. Julia war schwanger mit den Zwillingen. Auch sie wurde von einer wunderbaren Hebamme durch die neun Monate begleitet. Der Tag der Geburt rückte näher. Julia rief ihre Hebamme an, um sie zu bitten, sie solle sich bereithalten, es sei bald so weit. »Oh mei, ich kann nicht«, sagte die Hebamme, »ich bin doch im Urlaub. Und zu weit entfernt, um zurückzukommen.« Julia rief mich aufgeregt an. Ihre Hebamme sei ausgefallen! Was solle sie jetzt machen? Es sei doch so schwer, eine neue zu finden, und das in der Kürze der Zeit … Am nächsten Tag gab sie Entwarnung. »Ich hab eine. Gleich sehe ich sie zur Besprechung.« Ein paar Stunden später rief Julia mich erneut an. »Das Wichtigste: Sie ist eine klasse Frau, und ich verstehe mich gut mit ihr. Aber jetzt, Mama, erzähle ich dir eine Geschichte, die ist kaum zu glauben. Die Hebamme und ich saßen uns in einem Büro im Krankenhaus gegenüber. Sie hinter ihrem Schreibtisch, ich auf dem Besucherstuhl. Plötzlich sagte sie zu mir: ›Ihre Augen … also, Ihre Augen, die kommen mir bekannt vor.‹ Ich wusste gar nicht, wie ich darauf reagieren sollte. Dann fragte sie mich: ›Sagen Sie, haben Sie zufälligerweise eine berühmte Mutter?‹ – ›Jaaa‹, meinte ich zögerlich, weil sie mich weiterhin so forschend anschaute. Die Situation wirkte surreal. ›Meine Mutter ist Uschi Glas‹, antwortete ich. ›Wissen Sie, Julia, ich war dabei, als Sie auf die Welt kamen, und habe Sie als Baby auf dem Arm gehalten.‹ Kannst du dir das vorstellen, Mama?« Als Julia mir diese Geschichte erzählte, bekam ich eine Gänsehaut. Welch seltsame Überraschungen das Leben doch bereithält. Schnittstellen. Vielleicht mussten diese Wege sich kreuzen. Die junge Hebamme von damals wurde Julias »neue« Hebamme und entband ein gesundes Zwillingspaar.

Zerrissen zwischen Roy
und Gerd

Noch bevor ich *Apanatschi* drehte, sagte man mir, ich bräuchte unbedingt einen Künstlernamen. Meine Münchner Agentin kooperierte auf internationaler Ebene mit der William Morris Agency in den USA. Die Amerikaner waren der Meinung, mein Name sei nicht zu vermarkten. »How do you pronounce this? It's glas, it's gloss, what is it?« Ich müsse weich und feminin klingen, und am besten sollten Vor- und Nachname mit demselben Buchstaben beginnen. So wie bei Brigitte Bardot, BB, oder Marilyn Monroe, MM. Das seien Künstlernamen, die funktionierten. Aber Glas? Zu hart und unweiblich. Und Uschi? Unakzeptabel. »That's not a name!« Mir missfiel diese ganze Diskussion. Auf Ursula statt Uschi hätte ich mich noch eingelassen. Aber ich wollte keine »Margarethe Meier« werden, oder was auch immer man sich sonst ausgedacht hatte. Es fühlte sich falsch an. »Ich mach da nicht mit«, sagte ich klipp und klar zu Ilse Alexander, »Glas bleibt Glas.« Am Ende setzte ich mich durch. Ein anderer Name hätte mich von mir selbst entfremdet, ich hätte mich fremdbestimmt gefühlt. Was das bedeuten konnte, sah ich bei Roy Black, der eigentlich Gerd hieß, Gerhard Höllerich.

Da »meine 68er« wütend auf mich waren, stellte sich die Frage, wie es mit meiner Karriere weitergehen sollte. Zu dieser Zeit bekam meine Agentur die Anfrage, ob ich mir vorstellen könne, einen Kinofilm mit Roy Black zu drehen. Um herauszufinden, ob die Chemie zwischen uns stimmte, trafen wir uns wenig später das erste Mal persönlich. Roy/Gerd war mir auf Anhieb sympathisch. Ein sympathischer junger Mann, ein Jahr älter als ich, herzlich, humorvoll, nachdenklich. Wie zerrissen er in Wirklichkeit war, wurde mir erst später bewusst. Von 1968 bis 1971 drehten wir mehrere Komödien wie *Immer Ärger mit den Paukern* oder *Wer zuletzt lacht, lacht am besten*. Belächelt als »Opas Kino«, der Inbegriff des Unpolitischen, waren es allesamt große Publikumserfolge. Die Zusammenarbeit mit Roy endete nach ein paar Jahren, als ich ins Ausland ging, um vermehrt dort zu arbeiten. Während unserer gemeinsamen Filmzeit hatten Gerd und ich uns angefreundet. Allein wegen der Dreharbeiten verbrachten wir viel Zeit miteinander, aber die Freundschaft ging über das Berufliche hinaus.

Am meisten genoss Gerd die Momente, in denen er unerkannt von Fans und Medien einfach nur »der Gerd« sein konnte, zum Beispiel bei einer Brotzeit in einem Wirtshaus. Dann sang er die Lieder, die er liebte, nicht die Schlager, die ihn berühmt gemacht hatten. Er hatte zu Hause einen eigenen Jazzkeller, im Grunde wollte er immer nur jazzen. Mit seinen Schlagern hat er sich nie wirklich identifizieren können. Das sagte er nicht nur einmal. Am liebsten hätte er etwas ganz anderes gemacht, hatte sich aber dazu überreden lassen, der Roy Black zu werden, als den ihn die Öffentlichkeit kannte. Darüber diskutierten wir oft stundenlang, wenn er mir mal wieder sein Herz ausschüttete. Er war berühmt, beliebt, verdiente Millionen, ein erwachsener Mann, den niemand gezwungen hatte, etwas zu tun, das er nicht tun wollte.

Wo also war das Problem? Auf der einen Seite gab es diesen extremen Fankult um ihn. Auf der anderen Seite nahm man ihn als Künstler nicht ernst, lachte ihn wegen seiner Samtstimme aus. Das fand ich ungerecht und nicht nachvollziehbar. Problematisch war außerdem, dass Gerd sich jede Kritik zu Herzen nahm. Wurde er in der Presse verrissen, hat er tagelang darunter gelitten. Ich glaube keinem, der behauptet, Kritik sei ihm egal. Es tut immer weh, gerade wenn es persönlich wird. Davon bin auch ich nicht frei. Aber man muss lernen, damit umzugehen, und sei es nur, indem man nicht mehr alles über sich liest (so halte ich es).

Wichtigster Gradmesser für Popularität bei der Jugend war seit den 60er-Jahren die jährliche Verleihung des *BRAVO* Otto – eine Publikumswahl und deswegen besonders wertvoll. Roy Black führte jahrelang die Liste der beliebtesten Sänger an. Ich bekam 1971 zum ersten Mal den Goldenen Otto in der Kategorie Schauspielerin verliehen. Groß gemacht hatte die *BRAVO* – natürlich – eine Frau: Liselotte Krakauer, 13 Jahre lang Chefredakteurin des Heftes. Chefredakteurinnen waren damals rar gesät. Liselotte Krakauer brachte einen neuen Spirit in den Verlag. Eine meiner ersten Fernreisen habe ich der *BRAVO* zu verdanken. Zusammen mit einem Fotografen und einem Redakteur flog ich nach Hongkong, um eine Fotostory zu machen. In Erinnerung geblieben ist mir diese Reise auch dadurch, dass ein schwerer Taifun über Hongkong zog. Unter Liselotte Krakauer wurde die *BRAVO* zum Spiegelbild westdeutscher Jugendkultur, genauso wie sie umgekehrt Mode, Musik, Style und Lebensgefühl der jungen Generation beeinflusste. Legendär war der *BRAVO*-Starschnitt, ein 1:1-Poster eines Stars, pro Heft gab es einen Körperteil. Einen Starschnitt bekamen Künstlerinnen und Künstler, die besonders angesagt waren. Los ging es 1959 mit Brigitte Bardot. Roy Black wurde sogar zweimal mit einem Starschnitt geehrt. 1970 wurde ich zerstückelt. Über zwölf Wochen lang konnte man mich sammeln und zusammenkleben. Mehr als 100 Starschnitte kamen im Laufe der Jahrzehnte zusammen. Kult sind sie bis heute. Die Kunst- und Kulturstiftung Opelvillen Rüsselsheim widmete den *BRAVO*-Starschnitten 2023 eine Ausstellung. Als ich sie besuchte und vor dem Bardot-Starschnitt stand, fühlte ich mich in eine andere Zeit versetzt. Ich selbst durfte mir ja die *BRAVO* wegen meines strengen Vaters nie kaufen. Aber meine Freundin Uschi (eine der Uschis) sammelte alle Ausgaben. Bei ihr sah ich zum ersten Mal den Starschnitt von Brigitte Bardot. Ich weiß noch, dass ich von ihrer schmalen Taille fasziniert war und ihre Maße mit meinen verglich.

Ende der 80er-Jahre rief mich Karl Spiehs, Produzent von Lisa Film, an. Roy sei am Boden, sagte er, es gehe ihm überhaupt nicht gut. »Man muss ihn jetzt aus diesem Loch rausholen.« Karl Spiehs entwickelte eine Fernsehserie für Gerd und verschaffte ihm 1990 ein Comeback als Hotelbesitzer in *Ein Schloss am Wörthersee*. Die Serie war gerade erst angelaufen, als eine große Tageszeitung einen bitterbösen Verriss veröffentlichte. Mit Worten wurde Gerd als Künstler und Mensch öffentlich hingerichtet. Hoffentlich liest er das nicht, war mein erster Gedanke. Hoffentlich gibt ihm niemand diese Zeitung. Aber natürlich las er alle Kritiken. Ich rief ihn an: »Lass dich nicht niedermachen. Lass es nicht an dich ran. Auch wenn sie dich beurteilen und verurteilen, du weißt, wer du bist und was du kannst.«

Aber da war es schon zu spät. Gerd war am Boden zerstört. Im Grunde seines Wesens war er ein zutiefst unsicherer Mensch, der irgendwann die Orientierung verloren hatte. Er fühlte sich nicht glücklich in seiner Haut. Die Kunstfigur hatte man ihm übergestülpt wie eine Hülle, die ihm die Luft zum Atmen nahm. Ich glaube, an dieser inneren Zerrissenheit ist er am Ende zerbrochen. Er starb am 9. Oktober 1991.

Ich habe meinen Beruf immer gern ausgeübt, aber ich wollte mich nie von ihm überrollen lassen. Um mich als Person zu schützen, habe ich Engagements abgelehnt, wenn ich das Gefühl hatte, die Rolle frisst mich auf. Ich spielte einmal ein Theaterstück, in dem ich mich mit meinem Partner so fetzen musste, dass ich abends deprimiert das Theater verließ. Obwohl ich den Streit ja »nur« gespielt hatte, wühlte mich diese Rolle emotional völlig auf. Oder jemanden zu erschießen, auch wenn es »nur« im Film ist, auf einen Menschen zu zielen und den Abzug zu drücken, kostet mich wirklich Überwindung.

1974 erhielt ich das Angebot, neben Romy Schneider und Michel Piccoli eine Hauptrolle in der deutsch-französisch-italienischen Produktion *Trio Infernal* zu spielen. Eine Riesenchance. Dieser Film hätte mein Durchbruch im internationalen Kino sein können. Ich las mir das Drehbuch durch und wusste: Das packe ich nicht, meine Seele packt es nicht. In dem Film wurde gemordet und gemetzelt, dass es kaum zum Aushalten war. Allein beim Lesen des Drehbuchs hätte ich mich fast übergeben müssen.

Mir war bewusst, was dieses Angebot für meine Karriere bedeutete, und ich habe mit mir gerungen. Aber nach vielen Gesprächen mit meiner Agentin, die insistierte, ich solle zusagen, sagte ich ab. »Spinnst du? Wer lässt sich das entgehen?«, fragten ausnahmslos alle. William Morris und Ilse Alexander verstanden die Welt nicht mehr. »Du bist keine richtige Künstlerin, wenn du das nicht spielen kannst« – auch diese Meinung bekam ich zu hören. Änderte aber alles nichts daran, dass ich mir die Rolle nicht zutraute. Ich habe meine Entscheidung nie bereut. Mit Romy Schneider allerdings hätte ich wahnsinnig gern gearbeitet. Zwei Jahre vor dem Angebot für *Trio Infernal* hatte ich sie in Rom kennengelernt, als ich Anfang der 70er-Jahre in Rom den deutsch-italienischen Kriminalfilm *Das Rätsel des silbernen Halbmonds* drehte. Romy Schneider war zur selben Zeit in Rom, auch wegen Dreharbeiten. Wir wohnten beide in einem Apartmenthaus, in dem die Filmproduktionen ihre Schauspielerinnen und Schauspieler unterbrachten, wenn sie für längere Zeit in der Stadt waren. Man hatte sein eigenes kleines Reich, ein Wohn-, Schlaf- und Badezimmer, dazu den Service wie in einem Hotel, und es gab Gemeinschaftsräume, wo man sich mit den anderen Bewohnern traf und nach Drehschluss noch einen Absacker trank. An einem der ersten Abende nach meinem Einzug saß ich allein in dem Salon, als eine zierliche Person den Raum betrat. »Kann ich mich zu dir setzen?«, fragte sie mit leiser Stimme. Es war Romy Schneider. Sie war wie ich schon abgeschminkt, hatte Creme im Gesicht, die Haare zurückgebunden und trug einen legeren Hausanzug. Die große Romy Schneider, damals schon ein Mythos.

Ich gebe zu, anfangs war ich etwas eingeschüchtert. Von dem Tag an aber trafen wir uns regelmäßig, wenn wir mit unserer Arbeit fertig waren. Meistens kam Romy zu mir in mein Apartment und kuschelte sich auf meine Couch. Ich mochte sie sehr. Sie war eine nachdenkliche Person, immer etwas zweifelnd. Wir sprachen über unseren Drehalltag, das Leben in Rom, die Liebe und Männer, über Frankreich und

Deutschland, aber niemals über *Sissi*. Sie fühlte sich wohl in Paris, ihrer neuen Heimat. In Frankreich war sie mindestens genauso berühmt wie in Deutschland. Eine Rückkehr nach Deutschland kam für sie nicht infrage. Deutschland bedeutete *Sissi*, und mit *Sissi* hatte sie abgeschlossen. *Sissi* war ihr Trauma, die Rolle, in die man sie hineingedrängt hatte, so zumindest interpretiere ich es. Vielleicht ist Romy deswegen so in ihrem Beruf aufgegangen. Sie konnte alles spielen, und sie wollte auch alles spielen. Sie hat sich hineingestürzt, weil sie selbst, Romy, kein glückliches Mädchen gewesen ist. Für sie wurde *Trio Infernal* ein ganz zentraler Film. Er sei ihre »maximale Emanzipation vom *Sissi*-Image« gewesen, schrieben die Filmkritiker (Quelle: filmkuratorium.de).

Auf mich wirkte sie wie ein scheues Reh, aber sie war auch streitbar. Sobald es um Politik ging, konnte sie sehr temperamentvoll werden. Romy verehrte Willy Brandt und verteidigte ihn bis aufs Blut. Überhaupt nicht verstehen konnte sie, warum ich eine andere Meinung vertrat, und warf mir vor, die Arbeiterklasse zu verraten. Immerhin sei *ich* in einem Sozi-Elternhaus groß geworden, sie sei doch eine Salonlinke, konterte ich. Was wisse sie schon von den Sorgen der »kleinen« Leute? Wir stritten über Positionen, aber wir *zer*stritten uns nicht. Da hockten einfach zwei junge Frauen beieinander und verbrachten einen schönen Abend, an dem es auch mal hoch hergehen konnte.

Nach ein paar Wochen trennten sich unsere Wege. Romy kehrte zurück nach Paris, ich nach München. Als ich Helmut Berger in Bayern bei Außenaufnahmen zu *Ludwig II.* besuchte, wollte ich bei der Gelegenheit auch Romy treffen. Aber sie fühlte sich nicht wohl. Im Jahr danach sagte ich *Trio Infernal* ab. Wir sahen uns nie wieder.

Roy Black und Romy Schneider – zwei Künstlertypen, die kaum unterschiedlicher hätten sein können. Den einen kannte ich sehr gut, der anderen begegnete ich in einer besonderen Lebenssituation.

Was mir immer noch durch den Kopf geht, ist die Frage: Warum endete das Leben dieser beiden talentierten, liebenswerten Menschen, denen die Welt zu Füßen lag, in einer Tragödie?

Mein Freund, der »Edel-Kommunist«

Ebenso wie Romy Schneider lebte auch Curd Jürgens in Frankreich. Auch er war ein großer Willy-Fan. Wer nicht aus der Künstlerszene (außer mir)? In den »besseren« Kreisen Frankreichs, der Hautevolee, war es en vogue, von sich zu behaupten: »Ich bin Kommunist.« So machte es auch Curd. Er war aber ein »Kommunist« in Gänsefüßchen. Wenn er mit seinem nougatfarbenen Rolls-Royce-Cabriolet durch Nizza oder Saint-Tropez kurvte und Parolen schwang wie »Alle Menschen sollen das Gleiche besitzen«, sagte ich zu ihm: »Find ich gut, jeder bekommt also einen Rolls-Royce!« Darüber konnte er herzhaft lachen. Wir haben uns trefflich streiten können, was bedeutete, dass wir uns liebevoll übereinander lustig gemacht haben. Er mochte es, provoziert zu werden, etwa wenn ich sagte: »Du Edel-Kommunist, im feinsten Kaschmir mit einem Glas Champagner in der Hand. Marx würde sich im Grab umdrehen.« Er war ein Genießer und Lebemann, der Inbegriff des Savoir-vivre.

Kennengelernt hatten wir uns Anfang der 70er-Jahre bei Dreharbeiten zu der ZDF-Serie *Der Kommissar*. Meine erste Fernsehrolle – und dann gleich mit Curd Jürgens. Es fiel auf, dass er am Set nicht den Weltstar herauskehrte, im Gegenteil, er behandelte alle gleich – vom Produzenten bis zur

Kabelhilfe. Wenn er zu einem Essen einlud, dann immer das gesamte Team, nicht nur Regisseur, Produzent und Schauspieler. Das hat mir imponiert. Unsere Freundschaft entstand durch meinen guten Draht zu seiner Frau Simone. Sie war ein ehemaliges Mannequin, sehr hübsch und zart, mit dem »normannischen Schrank«, wie man Curd nannte, aber immer auf Augenhöhe. Mir wurde er, der 30 Jahre Ältere, ein väterlicher Freund und Ratgeber. Auch wenn man konträre politische Meinungen vertrat, konnte man befreundet sein, wenn es menschlich passte.

Ich besuchte Simone und Curd gern auf ihrem südfranzösischen Anwesen in Saint-Paul-de-Vence. Curd besaß viele Häuser in aller Welt, Saint-Paul-de-Vence aber war sein Lieblingsort.

In Frankreich habe ich mich immer wohlgefühlt, auch wenn man, wie in England, hier eine unterschwellige (manchmal auch sehr offene) Abneigung gegenüber Deutschen spürte. Als ich das erste Mal nach Paris reiste, dachte ich an meinen Vater, der als Besatzer in diese wunderschöne Stadt gekommen war, und jetzt flanierte ich, nur wenige Jahre später, über die Boulevards.

Ein Jahr bevor ich Simone und Curd kennenlernte, drehte ich in Südfrankreich *Le tueur (Der Killer und der Kommissar)* mit Jean Gabin. Ich hatte das Drehbuch in englischer Sprache bekommen, denn auf Englisch sollte gedreht werden. Zur Kostümprobe flog ich nach Paris, anschließend sollten die Dreharbeiten beginnen. Der Produktionsleiter sprach mich an: »Frau Glas, wäre es möglich, den Film auf Französisch drehen?« Undenkbar, sagte ich, ich könne ja ein paar Sätze auf Französisch, aber für mehr reichten meine Sprachkenntnisse nicht aus. Außerdem hätte ich meine Rolle schon komplett auf Englisch einstudiert, so wie es vertraglich vereinbart war. Das Problem sei, meinte der Produktionsleiter, Monsieur Gabin habe keine Lust mehr, Englisch zu sprechen. »Aber natürlich, wenn in Ihrem Vertrag steht, dass auf Englisch gedreht wird, dann ist es so.«

Damit war das Thema beendet. Vorerst. Denn später, in meinem Hotelzimmer, packte mich der Ehrgeiz. Ich rief den Produktionsleiter an und sagte ihm, wenn er eine deutsche Schauspielerin, die Französisch spricht, engagiere und diese mir das Drehbuch phonetisch übersetze, würde ich es probieren. Einen deutschen Akzent durfte ich haben, weil ich im Film eine Deutsche spielte. Eine Schauspielkollegin für mein Coaching war schnell gefunden. Sie schrieb mir den Text in Lautschrift auf und sprach ihn auf ein Tonband. Es dauerte zwei Wochen, bis ich ihn auswendig konnte und verinnerlicht hatte. Als ich am Drehort ankam, nahm der Regisseur die Schauspieler beiseite und gab uns folgende Anweisungen für die nächsten Tage: »Monsieur Gabin darf nicht gestört werden. Er braucht seine Ruhe. Er hat gesagt, wer ihn heute noch nicht kennt, braucht ihn auch nicht mehr kennenlernen. Und bitte sprechen Sie ihn *niemals* an.« Ich fand das schade, denn ich hätte mich sehr gern mit ihm unterhalten.

Wir drehten zunächst die Innenaufnahmen in einem Studio in Paris, danach zog das Team weiter nach Marseille. Bis dahin hatte ich, wie angeordnet, kein einziges privates Wort mit Jean Gabin gewechselt. Wie meist während der Drehpausen zog er sich zurück und thronte auf einem Regiestuhl mit seinem Namen auf der Rückseite. Leise und möglichst unauffällig ging ich an ihm vorbei. In dem Moment sprach er mich auf Englisch an: »Why don't you talk to me?« Hatte ich richtig gehört? Monsieur Gabin sprach mit *mir*? Und ich antwortete (ebenso auf Englisch): »Äh, Entschuldigung, aber man hat uns untersagt, Sie anzusprechen. Es hieß, Sie möchten in Ruhe gelassen werden.« – »Who said that?« Ich stellte fest: Weder hatte Gabin einen Widerwillen dagegen, Englisch zu sprechen, noch ein Problem damit, die anderen Schauspieler kennenzulernen. Am nächsten Abend nahm er mich mit auf eine kleine Sightseeingtour durch die Unterwelt von Marseille. Wir liefen durch Straßen, von denen es hieß, bloß nicht durchgehen, viel zu gefährlich. Monsieur klopfte an Türen, hinter denen sich geheime Kneipen verbargen. Woher Monsieur Gabin diese Spelunken kannte, erfuhr ich nicht. Die Menschen begegneten ihm allesamt mit großem Respekt. An seiner Seite hatte ich keine Sekunde Angst. Wie in einem echten Krimi, dachte ich in diesen Marseiller Nächten, während wir am Tag einen fürs Kino drehten. Jean Gabins große Liebe war Marlene Dietrich. Er schwärmte mir immer wieder von ihr vor. »Marlène, my beautiful Marlène.«

Nach diesem Film wollte ich endlich Französisch lernen. Ich buchte einen vierwöchigen Crashkurs an einer Sprachenschule in Nizza. Zwischenzeitlich hatte ich Simone und Curd kennengelernt, die mir, als sie von meinem Vorhaben hörten, für die Zeit meines Aufenthalts in Frankreich eine ihrer Wohnungen in einem Pyramidenbau in Nizza kostenlos zur Verfügung stellten. Ein kleines Apartment, aber mit Meerblick. Das großzügige Angebot nahm ich gern an. Als der Sprachkurs anfing, musste sich jeder Teilnehmer per Unterschrift dazu verpflichten, in den nächsten vier Wochen nicht ein einziges Wort in seiner Muttersprache zu sprechen. Beim kleinsten Verstoß flog man raus, das teure Kursgeld war verloren. Der Sprachunterricht fand an sieben Tagen in der Woche statt, von morgens bis abends, acht lange Stunden in einem tristen Raum ohne natürliches Licht, der einen klaustrophobisch werden ließ. Die erste Zeit war hart. Französisch sprechen konnte ich noch nicht, Deutsch war tabu. Ich glaubte, zu vereinsamen. Nie im Leben würde ich die nächsten Wochen durchstehen. Irgendwie aber quälte ich mich durch. Zur Belohnung veranstalteten Simone und Curd ein großes Fest für mich in Saint-Paul-de-Vence. Als sei es die normalste Sache der Welt, unterhielt ich mich mit den anderen Gästen auf Französisch.

Beste Voraussetzung, für längere Zeit nach Frankreich zu gehen. Das wäre der Plan gewesen. Anschließend vielleicht in die USA, um im internationalen Film Fuß zu fassen. Aus dem Grund hatte ich Englisch- und Französischkurse besucht. Aber: Kurz vor meiner Abreise nach Nizza hatte ich in München einen Mann kennengelernt, der mir gefiel. Und ich ihm. Ich war hin- und hergerissen. Internationale Karriere oder Familie. Mein Bauchgefühl sagte mir, es sei besser, jetzt in Deutschland zu bleiben. Nicht sofort, aber in den nächsten Jahren wollte ich eine eigene Familie gründen. Die Liebe zog mich letztlich zurück.

Wäre ich ins Ausland gegangen, hätte ich wieder bei null anfangen müssen. »Uschi who?« Eine Garantie, dass ich es im Ausland schaffen würde, konnte mir niemand geben. Ich kannte genügend Beispiele von Deutschen, die in Hollywood gescheitert waren. Was ich auf keinen Fall wollte: nach Amerika gehen, um Nazi-Frauen zu spielen. Deutschland war sicheres, erprobtes Terrain für mich. Hier war ich zwar das Schätzchen, aber ich hatte nie das Gefühl, dem Schätzchen entfliehen zu müssen. Ich habe nie mit ihm gehadert.

Vorleben und lieben

*W*ährend einer Routineuntersuchung bei meinem Arzt fragte er mich eines Tages, ob ich eigentlich vorhätte, ein Kind zu bekommen. »Ja, schon, ja, doch«, meinte ich zögerlich, weil mich seine Frage überraschte. »Dann, liebe Uschi, solltest du nicht nur darüber nachdenken, sondern deinen Worten bald Taten folgen lassen.« Sehr charmant und direkt, vielen Dank, dachte ich, ich bin Anfang 30, das ist doch kein Alter! Aber ich war realistisch genug zu wissen, die Zeit arbeitete gegen mich. Noch diesen Film und jene Theatertournee, und danach endlich nehme ich mir die Zeit für ein Kind. Schon kam das nächste Engagement um die Ecke, ach, das kann ich nicht ausschlagen, nehme ich noch mit. So vergingen die Jahre. Ältere Kolleginnen, die kinderlos waren, sagten ganz offen, wie sehr sie es bereuten, den richtigen Zeitpunkt verpasst zu haben. Man spürte ihren großen Kummer. »Ich war immer erfolgreich, aber war es das wert?«

Mein Mann und ich (verheiratet waren wir da noch nicht) gingen also die Familienplanung an. Benjamin und Alexander kamen mit einem Abstand von sechs Jahren zur Welt, Julia als Nachzüglerin zehn Jahre später. Schon mit einem Kind war für mich klar, dass ich zu Hause Unterstützung brauchte. Ich suchte eine Kinderfrau. Sie sollte jung genug sein, dass sie gut in unseren Haushalt passte, und alt genug, um ausreichend Erfahrung mit Kindern und Erziehung zu haben. Und – ganz wichtig – sie musste zeitlich flexibel sein, weil mein Job das so mit sich brachte. Manchmal war ich für ein paar Tage wegen Dreharbeiten gar nicht in München, dann wieder für ein paar Wochen nur zu Hause. Oder ich spielte Theater und brauchte jemanden, der abends auf die Kinder aufpasste. Kurzum, das Anforderungsprofil war durchaus anspruchsvoll.

Ich rief bei der *Süddeutschen Zeitung* an, um ein Inserat aufzugeben. »Und wie lautet der Text?«, fragte mich die Dame bei der Anzeigenaufnahme. Ich sagte: »Alleinstehende, berufstätige Frau mit Kind sucht Kindermädchen mit unregelmäßiger Freizeit.« – »Na, viel Erfolg, das können Sie vergessen«, hieß es am anderen Ende, »unregelmäßige Freizeit, was soll denn das sein? Da meldet sich doch kein Mensch!« Ich wollte in der Annonce aber auch nichts versprechen, was ich nicht einhalten konnte, und blieb bei meinem Textentwurf. Allen Unkenrufen zum Trotz trudelten ein paar, wenn auch nur wenige Bewerbungen ein. Die meisten Bewerberinnen passten von vornehrein nicht. Als ich den Brief einer Frau namens Marianne öffnete, wusste ich nach nur einem Blick auf ihr Foto: Sie ist es. Mein Bauchgefühl ließ keine Zweifel aufkommen. Die Bewerberin war ein Jahr jünger als ich, also kein Teenager mehr, und sie hatte laut Lebenslauf bereits als Kindermädchen in einem Privathaushalt gearbeitet, nicht nur in Deutschland, sondern auch in England und Frankreich.

Ich dachte: Perfekt! Und rief sie an. Wir vereinbarten einen Termin für ein Vorstellungsgespräch. Mein guter erster Eindruck bestätigte sich. »Sie sind die Richtige! Sie passen zu uns«, sagte ich. Marianne aber hatte noch ein paar Fragen an mich, von denen sie es abhängig machen würde, ob sie den Job annahm oder nicht. Zunächst wollte sie wissen, ob sie bei der Arbeit eine Uniform tragen müsse. Ich verstand die Frage gar nicht. »Ja, ein Kleid, schwarz-weiß gestreift, mit Schürze und Schleife, und ein weißes Häubchen auf dem Kopf«, erklärte sie. Ein solches Outfit habe sie bei ihren vorherigen Arbeitgebern tragen müssen. Ich versicherte Marianne, auf Häubchen und Schürze könne ich sehr gern verzichten. »Wir leben nicht im 19. Jahrhundert. Und Ihre zweite Frage?«, sagte ich. »Darf ich Ihr Kind umarmen?« Bei ihrer vorherigen Stelle war ihr das verboten gewesen. Kein Körperkontakt mit dem Kind, um das sie sich den ganzen Tag gekümmert hatte. Das sei ihr schwergefallen. Ich sagte zu ihr: »Marianne, Sie sollen sich meinem Sohn gegenüber so verhalten, wie man sich als normaler Mensch verhält. Ich bitte Sie sogar darum, ihn in den Arm zu nehmen, wenn er getröstet werden will, mit ihm zu kuscheln, wenn er das braucht.« Nachdem ich diese Sätze ausgesprochen hatte, stand sie auf und reichte mir die Hand. Marianne war an Bord.

Und sie blieb die nächsten 35 Jahre bei uns! Sie zog auch bei uns ein, hatte ihr eigenes kleines Apartment, um sich zurückziehen zu können, wenn sie freihatte. Selbst dann aber blieb ihre Tür für die Kinder meistens auf. Wenn ich von unterwegs anrief: »Nanne, es dauert leider länger. Könnten Sie vielleicht …« Der Satz war noch nicht beendet, da sagte sie: »Kein Problem. Ich mache schon!« Immer per Sie. Wir haben uns in all den Jahren niemals geduzt. Mir war das wichtig, denn es ist für mich ein Zeichen des Respektes.

Unsere Familie wuchs von Kind zu Kind. Immer war irgendetwas los. Drei Kinder mit ihren Freundeskreisen, dazu die diversen Haustiere. Hasen, Katzen, Hunde, Ratten,

Hühner, sogar einmal eine Vogelspinne. Und der »stinkende Herbert«, eine Eidechse, deren Geruch einen wortwörtlich umhaute, sobald man das Terrarium öffnete. Marianne nahm alles mit einer beneidenswerten Gelassenheit hin. Sie wurde zu meiner Schutzmauer. Unser Fels in der Brandung. Selbst wenn ich für 14 Tage nicht heimkam, konnte ich mich zu 100 Prozent darauf verlassen, dass es den Kindern gut ging. Marianne liebte die drei – Julia, Ben, Alex – abgöttisch. Umgekehrt galt das auch. Marianne war streng, aber auch ein Kumpeltyp. Sie drückte sicherlich schon mal ein Auge zu. Aber es war für mich in Ordnung, dass sie und die Kinder ihre kleinen Geheimnisse hatten.

Auch als die Kinder schon aus dem Haus waren, blieb Marianne bei mir. Weil sie längst ein festes Mitglied unserer Familie geworden war. Sie stammt ursprünglich aus Dortmund. Dort lebte ihre Familie. Als vor ein paar Jahren ihr Bruder starb, war niemand in der Nähe, der sich um ihre Mutter kümmern konnte. Marianne fühlte sich in der Verantwortung und sagte, dass sie jetzt zu ihrer Mutter nach Hause müsse. Es brach mir das Herz zu sagen: »Marianne, ich werde Sie sehr vermissen, aber Sie tun das Richtige.« So trennten sich unsere Wege nach mehr als drei Jahrzehnten. Wir stehen natürlich immer noch in Kontakt und treffen uns.

Meinen Kindern war in den ersten Jahren gar nicht richtig bewusst, welchen Beruf ich hatte. Zu Hause war ich die Mama. Punkt. Eher wurde mein Beruf durch das Umfeld, im Kindergarten und in der Schule, durch andere Kinder, deren Eltern und die Lehrer thematisiert. »Bist du nicht der Sohn oder die Tochter von …?!«, hieß es dann. Wenn ich meine

Kinder von der Schule abholte, kam es vor, dass ich nach Autogrammen gefragt wurde. Alex war das unangenehm. Er wartete, bis alle verschwunden waren, und stieg erst dann genervt ins Auto ein. Einmal sagte er: »Wenn du Bon Jovi wärst, würde ich ja nichts sagen. Aber du bist doch nur die Mama.« Mit Bon Jovi konnte ich leider nicht dienen. Julia sagt, dass es belastend war, unter ständiger Beobachtung zu stehen. »Alles, was ich sagte oder tat, konnte öffentlich werden. Ich musste aufpassen, wem ich vertrauen konnte. Das prägt einen auf gewisse Weise.« Aus diesem Grund sei es für sie wichtig gewesen, gleich nach der Schule ins Ausland zu gehen, nach Chile, Spanien, England und Indien. »Erst ohne die Beobachtung durch andere konnte ich mich finden.«

Als Benjamin 1976 geboren wurde, war für die meisten Medienvertreter, zumindest die der Boulevardpresse, der juristische Begriff »Schutz der Privatsphäre« ein Fremdwort. Die Fotografen lauerten vor unserem Wohnhaus, die Paparazzi hockten sogar in den Büschen, um das erste Foto unseres Kindes zu schießen. Dem war man einfach ausgeliefert. Ich wollte mein Kind aber nicht fotografieren lassen. Meine Agentin riet mir dennoch dazu. Zeitungsverlage boten hohe Geldsummen für das erste Foto unseres Sohnes. Ich nahm Kontakt zu Horst Ossinger (Ossi) auf, einem befreundeten Fotografen, der für die Deutsche Presseagentur arbeitete. Er sollte die Fotos machen (ohne dass wir dafür Geld nahmen) und über die dpa verteilen. Die Öffentlichkeit war bedient, das Versteckspiel hatte ein Ende. Um die Presse zu befriedigen, ließ es sich nicht vermeiden, das Privatleben von Zeit zu Zeit ein bisschen zu öffnen. Kam man der Presse nicht entgegen, machte sie sich ihre eigenen Geschichten (die erfunden waren), und die wollte man dann schon gar nicht über sich lesen. Wenn es nach meinem Mann und mir gegangen wäre, hätten wir unsere Kinder komplett aus der Presse herausgehalten.

Als Mutter wollte ich nie die Erzieherin sein, die den Kindern vorschreibt, wie es zu laufen hat. Natürlich gab es Regeln, natürlich war ich auch streng. Mein Erziehungsprinzip lautete: vorleben und lieben. *Vorleben* im Sinne von »mit gutem Beispiel vorangehen«. Wie behandle ich andere Menschen, wie benehme ich mich. Nicht etwas predigen, woran man sich selbst nicht hält. *Lieben* bedeutete, immer und uneingeschränkt für das Kind da zu sein; tolerant zu sein, wenn ein Kind Fehler macht, weil nicht alles vom ersten Tag an funktioniert. Lieben heißt aber auch, Kindern zuzugestehen, dass sie ihren eigenen Weg finden müssen und man ihnen als Elternteil nicht alles vorschreiben darf, aber auch nicht alles abnehmen sollte. Alle drei Kinder hatten – und haben – ihren eigenen Kopf. Das gewisse Rebellische steckt auch in ihnen drin. Das war für mich als Mutter nicht immer einfach. Ich war keine Helikoptermutter (damals hieß es noch Glucke), aber meine Kinder sind doch sehr behütet aufgewachsen. Ich hatte immer Sorge um sie, wollte wissen, wo sie waren und mit wem sie sich trafen. Es ist interessant zu beobachten, wie es sich anfühlt, wenn man auf der anderen Seite sitzt. Meine Eltern wussten längst nicht immer, was wir Kinder alles anstellten und welchen Gefahren wir uns aussetzten. In meiner Kindheit verdienten Mutproben diesen Namen nur, wenn mit ihnen auch ein echtes Risiko einherging. Zum Beispiel bauten wir in einer Scheune, in der die Heuballen bis unters Dach gestapelt waren, ein Tunnelsystem und krochen tief ins Heu hinein. Wer es am längsten aushielt, hatte gewonnen. Im Heu wurde es nach wenigen

Metern stockfinster, von außen drang kein Laut mehr herein. Wenn man die Orientierung verlor und den Ausgang nicht mehr fand, war es nicht mehr lustig. Wären meine Kinder nur annähernd so verrückt gewesen wie ich früher, ich wäre durchgedreht.

Ich habe zum Glück die Veranlagung, in Krisensituationen ruhig zu bleiben, alles herunterzufahren und wie eine Maschine zu funktionieren. In Ohnmacht falle ich hinterher, wenn sich die Lage beruhigt hat. Unser Haus war immer voller Kinder, weil Benjamin, Alex und Julia ihre Freundinnen und Freunde mitbrachten. Im Sommer tobten sie am liebsten auf einem großen Trampolin, das in unserem Garten stand. Es wurde gelacht und gebrüllt. Einmal hatte Julia einen Schulfreund zu Besuch, der besonders wild drauf war. Ich war in der Küche, um Snacks für die Kinder zuzubereiten, als ich einen eigenartigen Schrei hörte. Kein Weinen, noch nicht, aber irgendwie klang es hysterisch. Ich ließ alles fallen und raste in den Garten, wo mir der Junge schon entgegenlief. Er drückte beide Hände fest auf den Mund. Ich nahm sie vorsichtig weg – überall Blut. Ich ahnte, was passiert war. Der arme Junge hatte sich auf die Zunge gebissen oder sie im schlimmsten Fall abgetrennt. Genau ließ sich das nicht sagen.

Marianne kam herbeigerannt. Wir versuchten, die Mutter des Jungen anzurufen, eine alleinerziehende Frau, die arbeiten und daher nicht erreichbar war. Ich holte meinen Wagen, stellte den Vordersitz zurück, sodass der Junge bequem liegen konnte, und öffnete das Dach (es war ein Cabrio), damit er genügend Luft bekam. Wir fuhren ins nächstgelegene Krankenhaus. »Sind Sie verwandt?«, fragte mich der Arzt in der Notaufnahme. »Nein, nein, der Junge war nur bei uns beim Spielen«, sagte ich. »Und wo sind die Eltern? Kommt die Mutter oder der Vater?« – »Ich erreiche niemanden.« Dann sagte er zu mir: »Frau Glas, ich darf dem Jungen keine Narkose verabreichen, wenn die Eltern nicht ihr Einverständnis geben. Können Sie ihn festhalten?« Ich sollte den Kopf des Jungen halten, während der Arzt sich die Verletzung anschaute. Meine schlimmste Befürchtung war eingetreten. Die Zunge war fast abgebissen. »Wir müssen die Teile der Zunge wieder zusammennähen, bitte halten Sie das Kind weiterhin fest«, sagte der Arzt. Und dann nähte er die Zunge wieder zusammen. Stich für Stich, ohne Betäubung. Der Schweiß floss mir in Strömen den Rücken hinunter. Der Junge hat gewimmert vor Schmerzen, sicherlich stand er unter Schock. Der Doktor nähte und nähte. Es war kaum zum Aushalten. Irgendwann war es vorbei. Dem Patienten ging es gut. Aber mir wurde schlecht. Ich sagte: »Ich glaube, ich falle in Ohnmacht.« – »Dann legen Sie sich hin«, meinte der Arzt.

Die verletzte Zunge verheilte erstaunlicherweise recht schnell. Als ich Julia ein paar Tage später fragte, wie es dem Patienten gehe, sagte sie: »Alles okay, Mama. Er erinnert sich gar nicht richtig daran, was passiert ist. Er schwärmt nur davon, dass er in einem Cabrio durch München gefahren ist.« Gott sei Dank, dachte ich, dann ist ja alles gut.

»Uschi Provocazione«

*A*nna Maria – *Eine Frau geht ihren Weg* war gerade gestartet, als die *BUNTE* im November 1994 mit »Uschi Nationale« titelte. Dazu die Zeile »Die Rückkehr der Mutter-Frau«. Was eine Mutter-Frau sein sollte, war mir nicht ganz klar. Auf diese Wortschöpfung musste man erst einmal kommen. Hubert Burda jedenfalls war der Ansicht, was Claudia Cardinale (»Claudia Nationale«) für die Italiener war, das sei ich für die Deutschen. Sei's drum, dachte ich, mach den Spaß halt mit. Für meine lieben Kritiker waren das Foto (ich in eine Deutschlandfahne gewickelt) und die Headline (die einer Heiligsprechung gleichkam) natürlich ein gefundenes Fressen. Die Provokation nahm ich gern in Kauf und hatte meine klammheimliche Freude daran, weil ich wusste, denjenigen, denen ich seit Jahren auf die Nerven ging, würde ich in diesem Leben eh nichts mehr recht machen können. Wie hätten sie erst reagiert, wenn ich die Fahne in der Hand getragen und geschwungen hätte, wie es ursprünglich geplant war? Dagegen hatte ich Einwände erhoben. »Wir wollen es nicht übertreiben«, sagte ich. Nach einigem Hin und Her war die Fahnenschwenkerei vom Tisch. Einer findigen Kostümbildnerin kam der Einfall, aus der Deutschlandfahne ein Cocktailkleid zu nähen. Diese Version gefiel mir. Sie hatte Witz und eine Portion Selbstironie.

Ich denke ungern in Kategorien wie Nationalstolz und

»Was ist deutsch?«. Möglicherweise ist meine Zurückhaltung bei diesem Thema dem Umstand geschuldet, dass ich noch während des Zweiten Weltkriegs geboren wurde. Nationalen Symbolen stehe ich nicht kritisch gegenüber (natürlich singe ich die Nationalhymne, denn sie ist ein Lied von Freiheit), aber ich habe immer ein wenig gefremdelt, wenn ich gefragt wurde: »Sind Sie stolz darauf, Deutsche zu sein?« Ich lebe gern in Deutschland und fühle mich sehr wohl in unserem Land. Nirgendwo sonst möchte ich sein. In Bayern bin ich verwurzelt. Die bairische Sprache vermittelt mir ein wohliges Heimatgefühl, ihre Klangfärbung strahlt Wärme aus. Aber vom Herzen her bin ich eine überzeugte Europäerin.

Wahrscheinlich bin ich viel »deutscher«, als ich es mir selbst eingestehen möchte. Diszipliniert, ehrgeizig, ja, das bin ich. Ist das typisch deutsch? Meine Tochter sagt, ich sei manchmal *zu* diszipliniert und *zu* ehrgeizig und hätte einen Hang zum Perfektionismus, der manchmal anstrengend sei (und wenn ich schlechte Laune hätte, würde ich in einen Putzwahn verfallen). Etwas, das uns Deutschen zugeschrieben wird, ist eine Vorliebe für Bedenkenträgerei und Schwarzmalerei. »German Angst«. Was das angeht, bin ich sehr undeutsch. Ich wünschte mir manchmal weniger Übervorsicht und mehr Lässigkeit und Zuversicht. Denn ich bin ein grundsätzlich optimistischer Mensch.

Der große Glücksfall unseres Landes war die friedliche Vereinigung Europas – dass aus Erzfeinden befreundete Nationen wurden, als sich Konrad Adenauer und Charles de Gaulle die Hand reichten und Willy Brandts Ostpolitik an dieses Versöhnungswerk anknüpfte. Meine Kinder haben früh im Ausland Erfahrungen gesammelt, für sie ist es Normalität, in einem Europa ohne Grenzen zu leben. Sie kennen es nicht anders.

Als die Mauer fiel, waren sie 13, sieben und drei Jahre alt. Dass mitten durch Deutschland einmal eine unpassierbare Grenze verlief, können sich die jungen Leute heute kaum noch vorstellen. Das ist auch gut so, gleichzeitig ist es aber notwendig, immer wieder daran zu erinnern, dass diese »Normalität« nicht immer normal war. »Niemand hat die Absicht, eine Mauer zu errichten.« Das sagte Walter Ulbricht zwei Monate vor dem Bau der Berliner Mauer 1961. Vier Jahre später war ich zum ersten Mal in Berlin, um für einen Film Studioaufnahmen zu drehen. Seitdem kam ich häufig in die geteilte Stadt, aus beruflichen Gründen (hier hatte Rialto Film seinen Sitz), aber auch weil mir die Stadt einfach gefiel. Als ich für ein Interview zu Besuch im Springer-Hochhaus war, sah ich von weit oben den Todesstreifen in seiner ganzen Grausamkeit: bewaffnete DDR-Grenzsoldaten, die mit Schäferhunden patrouillierten, Stacheldraht, Beton, Flutlicht, ein lebensfeindlicher Raum inmitten der ansonsten pulsierenden Großstadt. Dieses Bild ließ mich nicht los. Ich erzählte auch »meinen 68ern« davon. »Hast du den Todesstreifen gesehen? Warst du da?«, fragte ich.

Wenn ich in West-Berlin zu tun hatte, fuhr ich meistens mit meinem Auto, um in der Stadt flexibel zu sein. Der Nachteil war, man musste die Transitstrecke durch die DDR nehmen. Schon die Grenzkontrollen empfand ich als beängstigend und demütigend. Die Grenzbeamten filzten mich jedes Mal, als sei ich eine Schwerverbrecherin, sie vermittelten einem das Gefühl: Du bist uns ausgeliefert. Sicherlich hat es auch »nette« Beamten gegeben, nur an die bin ich nie geraten. Ich möchte mir nicht anmaßen, zu beurteilen, was es bedeutete, in einem totalitären Staat zu leben, in dem man sich mit den Verhältnissen arrangieren musste. Aber folgende Erlebnisse möchte ich kurz schildern: 1969 war ich im Rahmen der Dreharbeiten für das Filmdrama *Die Weibchen* mehrere Wochen in der damaligen Tschechoslowakei. In Prag hatte ich ein paar Leute aus dem Team in ein Restaurant eingeladen, darunter auch die tschechischen Kolleginnen und Kollegen. »Wen haben Sie alles dabei?«, wurde ich gefragt, als wir das Restaurant betraten. »Das ist meine Maskenbildnerin, und hier einer der Kameramänner.« – »Nur Ausländer dürfen rein«, war die Ansage. So funktionierte also Gleichheit im Kommunismus. Der Klassenfeind aus dem Westen durfte für Devisen speisen, die eigenen Bürger ließ man vor der Tür stehen.

Weitaus drastischer war ein Erlebnis in Franzensbad. Ich trug beim Drehen ein langes Kleid, dessen Stoff schnell knitterte. Eine der freundlichen (tschechischen) Garderobieren erkannte das Problem und sagte: »Zieh das aus, ich bügel es dir schnell auf.« Kurz danach kam ein Tscheche, dessen Funktion mir nicht klar war, zu mir. »Wer hat das Kleid gebügelt? Wer hat den Auftrag dazu erteilt?«, herrschte er mich an. »Maria«, sagte ich, »sie hat das erledigt.« Ich hätte geschwiegen, wenn ich die Reaktion darauf hätte erahnen können. Maria wurde herbeizitiert und lautstark zur Rede gestellt. Ich verstand weder die Worte, weil Tschechisch gesprochen wurde, noch den Grund für die Vorhaltungen. Am nächsten Tag war Maria verschwunden und tauchte auch bis zum Ende der Dreharbeiten nicht wieder am Set auf. Ich fragte nach, was passiert sei, niemand wollte etwas sagen. Ich wusste natürlich, dass überall Spitzel des Staatsapparates herumliefen, die aufpassten, was ihre Landsleute mit uns aus dem Westen zu schaffen hatten. Wessen man Maria verdächtigt hatte, habe ich nie erfahren. War sie zu mir zu freundlich gewesen oder ich zu ihr? War es am Ende meine Unachtsamkeit, durch die ich Maria in eine schwierige Situation gebracht hatte?

Diese kleine Episode zeigte mir wieder einmal, wie glücklich wir, die auf der anderen Seite des Eisernen Vorhangs aufgewachsen sind, sein sollten, in einem Land zu leben, das seine Bürgerinnen und Bürger nicht bevormundet und knechtet. Der Freiheitskampf der Ostdeutschen nötigte mir großen Respekt ab. Die Berichte über die Demonstrationen verfolgte ich wie die meisten im Westen intensiv und bewunderte den Mut der Ostdeutschen, die auf die Straße gingen und für ihre Rechte eintraten. Als ich hörte, die Grenze sei offen, dachte ich im ersten Moment: Schön wär's, aber das kann ja nicht stimmen. Dann schaltete ich den Fernseher ein und sah tanzende Menschen auf der Berliner Mauer.

Wir sehen uns in Kiew

Braucht es Mut, um seine Meinung offen zu sagen? Muss man mutig sein, um Zivilcourage zu zeigen? Ist es mutlos, verwerflich oder feige, wegzuschauen, wenn man Unrecht sieht? Oder vielmehr Eigenschutz, wenn man sich dafür entscheidet, sich nicht einzumischen? »Geht mich ja nichts an.« Wo fängt Mut an? Mir ist bewusst, dass ich in einer privilegierten Situation bin. Aufgrund meiner Bekanntheit habe ich die Möglichkeit, gehört zu werden und auf Themen hinzuweisen, die mir ein Anliegen sind. Umgekehrt ist es aber auch so, dass Prominenz kein Schutz vor Anfeindungen ist. Als ich mich für die Corona-Impfkampagne engagierte, erhielt ich Morddrohungen. Indem ich mich mit der jüdischen Gemeinde solidarisiere, mache ich mich zur Zielscheibe rechter und islamistischer Hetze. Ich lasse mich aber nicht davon abbringen, zu tun, was ich für richtig halte. Wegschauen, wenn ich eine Ungerechtigkeit sehe, kann ich einfach nicht, und in solchen Momenten denke ich auch nicht an die Konsequenzen.

Vor vielen Jahren, als meine Kinder noch klein waren, waren wir abends in einem Restaurant. Plötzlich hörten wir draußen laute Stimmen. Wir schauten aus dem Fenster und sahen unten vor dem Lokal, auf der anderen Straßenseite, ein Gerangel unter jungen Männern. Ich rannte raus auf die Terrasse. Mehrere Jugendliche hielten einen Jungen fest. Sie hämmerten seinen Kopf immer wieder gegen eine Steinsäule. Ich brüllte, so laut ich konnte (und ich habe ein lautes Organ, wenn ich will): »Kruzifix-Sakrament, hört auf, ihr Idioten! Ich ruf die Polizei!« Wahrscheinlich wählte ich noch drastischere Worte. Die Jugendlichen waren so überrascht, von einer Wildfremden angeschrien zu werden, dass sie sofort aufhörten, ihr Opfer zu malträtieren, und wegliefen. Meine kleine Aktion zeigt, man muss sich nicht in Gefahr begeben, um einzuschreiten. Manchmal reichen Worte. Alles ist besser, als wegzuschauen und zu schweigen. Einfach etwas tun!

Aber war das jetzt mutig von mir? Ich stand oben auf der Terrasse in sicherer Entfernung. Mir konnte nichts passieren. Mut ist etwas anderes. Mutige Menschen sind für mich diejenigen, die etwas bewegen und die Welt ein Stück weit besser machen möchten, ohne Rücksicht auf sich selbst zu nehmen. Helden sind mutig.

Als ich Vitali und Wladimir Klitschko zum ersten Mal begegnete, dachte ich nicht: Was sind das doch für mutige Kerle, die sich in einen Boxring wagen. Sondern: Wie kann man sich nur freiwillig verprügeln lassen. Dass Vitali und Wladimir Klitschko in Wahrheit Helden sind, sollte die Welt erst viel später erfahren.

Ein Freitagabend im März 1999. Ich war zu Gast in der MDR-Talkshow *Riverboat*. Mit mir in der Gesprächsrunde saßen die Profiboxer Vitali und Wladimir Klitschko, von denen ich natürlich gehört hatte, Näheres wusste ich aber nicht. Fürs Boxen hatte ich mich nie sonderlich interessiert. Während die beiden interviewt wurden, driftete ich gedanklich ein bisschen ab, als mich plötzlich der Moderator ansprach: »Und, Frau Glas, wie gefällt Ihnen Boxen?«

Überrumpelt stammelte ich rum: »Also, nee ...« Vitali und Wladimir schauten mich erwartungsvoll an. »... Ich weiß nicht, ich verstehe ehrlich gesagt nicht, wie ein erwachsener Mensch einem anderen erwachsenen Menschen ins Gesicht hauen kann.« Die Enttäuschung stand den Brüdern ins Gesicht geschrieben. Das war jetzt nicht so nett von mir, aber es war meine Meinung. Als wir nach der Sendung das Studio verließen, kam Wladimir auf mich zu: »Wir würden gern mit Ihnen sprechen.« Kurz danach saßen wir zusammen und unterhielten uns den restlichen Abend über sehr angeregt.

Mein flapsiger Spruch war der Beginn einer Freundschaft, die seitdem Bestand hat. Vitali und Wladimir wollten es sich an diesem Abend nicht nehmen lassen, mich über die wahre Bedeutung des Boxsports aufzuklären. Ich gebe zu, ich wusste nichts darüber und war voller Vorurteile (wie so oft, wenn man von etwas keine Ahnung hat). Sie erklärten mir Taktik und Strategien (und verglichen den Boxkampf dabei mit einer mathematischen Formel, das verstand ich). Wir sprachen über Fairness und Fitness. Irgendwann fragte ich mich: Geht es noch um den Sport oder reden wir über das Leben? Damals waren die beiden noch nicht in dem Maße politisch engagiert, wie sie es später waren, aber von Beginn an spürte ich ihre tiefe Verbundenheit mit ihrer Heimat, der Ukraine. Ich lernte in Leipzig zwei äußerst kluge Menschen kennen – mit Witz, Charme und Doktortitel. Und ja, sie schafften es an diesem Abend, mich ein bisschen fürs Boxen zu begeistern. Zumindest hatte ich Lust bekommen, die beiden in Aktion zu erleben. Ich verabschiedete mich mit den Worten: »Wenn einer von euch demnächst in München boxt, bin ich dabei.«

Es verging dann doch eine Weile, bis es so weit sein sollte.

Anstatt in München besuchte ich einen Boxkampf in der Kölner Lanxess-Arena. Wladimir traf im Kampf um den WBO-Weltmeistertitel auf den amtierenden Champion Chris Byrd. Mein erster Boxkampf am Ring, zugegebenermaßen etwas gewöhnungsbedürftig, so nah am Geschehen zu sein und jeden Schweiß- und Blutspritzer vor Augen zu haben. Und wenn man den Menschen da oben auch noch kennt … Ich »traute« mich aber nicht allein in die Höhle der Löwen, dankenswerterweise begleitete mich mein Sohn Alexander. Im Gegensatz zu mir hatte er viel Ahnung vom Boxen (mit 16 hatte er selbst damit angefangen), und er war hellauf begeistert, bei einem WM-Kampf live dabei sein zu können. Am Ende gab es ein Happy End: Wladimir wurde Weltmeister. Punktsieg über zwölf Runden.

Ich besuchte Vitali und Wladimir auch in ihrem Trainingslager bei Kitzbühel. Der Boxsport zog mich in seinen Bann, aber die Brüder wurden mir auch als Menschen wichtig. Ihre Biografien waren faszinierend. Vitali kam in Kirgisistan zur Welt, Wladimir in Kasachstan, beides frühere Teilrepubliken der Sowjetunion. Sie hingen sehr an ihren Eltern. Die Mutter war Lehrerin und Tochter von Holocaust-Überlebenden, der Vater Luftwaffenoffizier der Sowjetarmee. Nach der Reaktorkatastrophe von Tschernobyl kam er bei den Aufräumarbeiten zum Einsatz und starb 2011 an Lymphdrüsenkrebs, vermutlich als Spätfolge davon.

Im Widerspruch zu seinem systemtreuen Vater erwuchs bei Vitali der Wunsch nach Demokratie und Freiheit, der sein späteres politisches Engagement bestimmte. Er fühle sich für sein Land verantwortlich und wolle sich für die Ukraine einsetzen, sagte Vitali schon bei unseren ersten Begegnungen, lange bevor er zurück in seine Heimat ging, um als Bürgermeister von Kiew zu kandidieren. Er trat 2006 zum ersten Mal an, unterlag aber seinen Konkurrenten. Wie in einem Boxkampf stand er wieder auf, kandidierte wieder und wieder, bis er 2014 ins Amt gewählt wurde. Sein Ziel: die Korruption überwinden, die Demokratie stärken, die Ukraine eng an Europa anbinden. Seitdem Vitali nach Kiew gezogen ist und Wladimir zwischen der Ukraine, den USA und Deutschland pendelte, wurden unsere persönlichen Treffen rar, der Kontakt brach aber nie ab. Nachdem ich einmal im Fernsehen eine Dokumentation über die Wälder in der Ukraine gesehen hatte, erzählte ich Vitali, wie sehr mich diese Bilder beeindruckt hatten. Eichenwälder, die sich schier unendlich weit erstreckten, Bäume, die bis in den Himmel ragten. »Da würde ich gern mal wandern«, sagte ich. »Zeigt ihr uns irgendwann eure Heimat?« – »Du weißt schon, wie groß unser Land ist? Da müsstet ihr schon länger bleiben«, antwortete Vitali lachend. Die Einladung stand. Wir sehen uns in Kiew wieder, hatten wir verabredet.

Und dann kam der Krieg. Ihr komplettes Leben änderte sich von einem Tag auf den anderen, so wie das von Millionen von Ukrainern. Jeder hätte verstanden, wenn Vitali, Vater von drei Kindern, gesagt hätte, die Lage sei zu gefährlich, er verlasse die Ukraine. Wladimir stand seinem Bruder von Anfang an zur Seite. In Deutschland oder Amerika hätten die Klitschkos sorgenfrei und in Sicherheit leben können. Niemand hätte es ihnen verübelt. Aber nicht eine Sekunde lang, davon bin ich überzeugt, kam ihnen dieser Gedanke. *Das* ist für mich wahrer Mut.

Es würde mich freuen, wenn ich Vitali und Wladimir Klitschko eines Tages wiedersehen würde. Allein aufgrund der nötigen Sicherheitsvorkehrungen wäre ein Zusammenkommen wie früher derzeit nicht möglich. Und die beiden haben auch Wichtigeres zu tun. Aber ich hoffe, sie wissen, dass ihre Freunde in Deutschland mit den Gedanken und im Herzen immer bei ihnen sind. Wenn wir uns eines Tages in hoffentlich friedlicheren Zeiten wieder begegnen, würde ich sie gern fragen: Wie habt ihr es geschafft, angesichts von Tod und Zerstörung niemals den Mut zu verlieren?

Meine Sorge ist, dass unsere Solidarität mit dem ukrainischen Volk im Laufe der Zeit und angesichts anderer Konflikte in der Welt erodiert. Ich hoffe, der Despot im Kreml wird am Ende nicht aufgrund fauler Kompromisse als Sieger vom Schlachtfeld gehen. Aber als grundoptimistischer Mensch glaube ich fest daran, dass Dieter und ich eines Tages gemeinsam mit Vitali und Wladimir durch die Wälder ihrer Heimat spazieren werden.

Aufstehen und weitermachen

*H*ätte ich den Mut haben müssen, selbst einen Schlussstrich unter meine erste Ehe zu ziehen? Wäre es besser für mich gewesen, früher zu gehen? Im Rückblick war es eine schwierige Ehe, die wir geführt haben, aber aus meiner *damaligen* Perspektive war sie nicht komplizierter, als ich es bei anderen Paaren erlebte. Ich kam mit meiner Situation gut zurecht. Heute sehe ich das anders und kann nur sagen: Danke, Schicksal. Denn ohne die Trennung im Jahr 2002 hätte ich Dieter niemals kennengelernt. Damals aber hatten wir, mein Ehemann und ich, uns gut arrangiert und eingerichtet in unserem Ehemodell. Jedes Mal, wenn es kriselte, war ich mir sicher, das wird schon, wir raufen uns zusammen. Niemals, wirklich niemals habe ich geglaubt, dass wir uns trennen würden. Bis zum Schluss nicht. Selbst da dachte ich noch, ich bekomme das mit ihm hin – bis dass der Tod uns scheidet. Die Warnungen wohlmeinender Freunde (»Du bist naiv, du bist zu gutgläubig, er betrügt dich seit Jahren«) schlug ich in den Wind: »Was soll das für eine Beziehung sein, wenn man dem Partner ständig misstraut?« Ich glaubte an das Gute und wollte meinen Mann nicht kontrollieren, genauso wie ich selbst nicht kontrolliert werden wollte. Aber es kam der Punkt, an dem der Betrug öffentlich wurde und auch ich endlich kapierte, dass diese Ehe nicht mehr zu retten war. Dann war Schluss.

Und wie ging es weiter?

Hier war es: das berühmte Loch, in das man fällt. Ein ganzes Jahr lang saß ich da drin. Ich war fertig mit der Welt, habe funktioniert, aber mehr auch nicht. Ich wollte niemanden mehr sehen, mit niemandem sprechen und konnte nicht arbeiten. Mir fehlte jeglicher Elan. Ich fühlte mich wie ein Schwimmreifen, aus dem man die Luft rausgelassen hatte. Zu Hause habe ich umgeräumt, aufgeräumt, hin- und hergeräumt, irgendwie musste ich ja die Zeit totschlagen. Ich traute mich kaum vor die Tür, weil ich dachte, die Leute warten nur darauf, dass ich in der Öffentlichkeit in Tränen ausbreche. Rauszugehen und zu strahlen, über die Traurigkeit hinwegzu*spielen*, das konnte ich nicht.

Die Boulevardmedien überschlugen sich mit Artikeln, ihr hämischer Unterton tat weh. »Schluss mit Schätzchen« oder »Zur Scheidung, Schätzchen« – nur zwei Beispiele. Ja, es lief nicht gut für das Schätzchen. Aber warum musste man drauftreten, wenn jemand ohnehin schon am Boden lag? Julia wohnte damals noch zu Hause, die Jungs waren schon ausgezogen. So schwer es mir auch fiel, das Haus zu verlassen, Julias Alltag sollte sich möglichst wenig ändern. Deswegen war es mir wichtig, sie selbst morgens zur Schule zu bringen. Oft übernahm das aber Marianne, weil ich auf Schritt und Tritt von Paparazzi verfolgt wurde, die vor unserem Haus campierten. Julia legte sich, wenn wir unser Grundstück verließen, auf die Rückbank des Autos und versteckte sich unter einer Decke. Auf einem Waldweg wurde angehalten, Julia wechselte den Platz, weiter ging's zur Schule, zum Hintereingang hinein. Einmal fuhr ich sie nachmittags zu ihrem Sporttraining. Wir waren gerade auf dem Mittleren Ring, als uns ein Fotograf entdeckte, der

neben uns herfuhr, und bei voller Fahrt, in der einen Hand
das Lenkrad, in der anderen die Kamera, versuchte, uns zu
fotografieren. Ich wechselte die Spur, er hinterher. Ich gab
Gas, er auch. Was für ein Wahnsinn, dachte ich, wo sind wir
hier gelandet?

Freunde und Verwandte redeten auf mich ein, es sei an
der Zeit, aus meinem Loch herauszukommen und wieder am
Leben teilzuhaben. Was leichter gesagt war als getan, wenn
man sich einmal so tief eingegraben hatte. Arthur Cohn,
dem Schweizer Filmproduzenten, habe ich es zu verdanken,
dass ich mir schließlich den Ruck gab, meinen Kokon zu verlassen. Er rief mich eines Tages an und sagte, ohne Widerspruch zuzulassen, er werde mich jetzt zu einer Veranstal-
tung im Hotel Bayrischer Hof mitnehmen. »Mit deinem
Verstecken ist jetzt Schluss.« Ich wusste ja, er hat recht, und
sagte letztlich zu. Weil ich nervös und unsicher war, kann
ich mich an Details nicht mehr erinnern, aber dieser erste
öffentliche Auftritt fiel mir schwer. Ich fühlte mich extrem
unwohl, weil ich glaubte, alle Blicke ruhten auf mir: Wie
schaut sie jetzt aus? Kann sie noch lachen? Oder bricht sie
in Tränen aus?

Im Nachhinein war ich Arthur für seine Resolutheit sehr
dankbar. Er war ein echter Freund. Aber die Zeit bis dahin
hatte ich gebraucht, dieses eine Jahr, bis ich wieder aufstehen
und weitermachen konnte.

Nach der Trennung bekam ich Zuspruch von Frauen, die
mir in Briefen von ihren eigenen Schicksalen berichteten. Es
gab auch Häme (»Geschieht Ihnen ganz recht, Frau Glas«),
aber Mitgefühl und Anteilnahme überwogen. »Ich leide mit
Ihnen«, schrieben viele. Eine Frau erzählte von der Scham,
die sie empfand, nachdem ihr Mann sie verlassen hatte. »Ich

lebe in einem kleinen Dorf, wo jeder jeden kennt. Obwohl ich die Betrogene bin, reden die Leute im Ort schlecht über mich, anstatt mir beizustehen. Alle zeigen mit dem Finger auf mich.« Der Kummer, der in den Briefen beschrieben wurde, war der, den auch ich fühlte. Ich las von Selbstzweifeln: »Welche Fehler habe *ich* gemacht, dass er zu einer anderen ging? Bin *ich* schuld?« Auch ich stellte mir die Frage: Bin ich es, die gescheitert ist?

Ja, ich war gescheitert.

Auf eine gewisse Weise war es eine Hilfe, zu wissen, dass ich mit meiner Situation nicht allein auf der Welt war. Was ich durchmachte, erlebten in dieser Minute viele, viele andere Frauen. Jedes Jahr kommt es zu mehr als 100 000 Scheidungen in Deutschland. Aber in deinem Loch sitzt du erst einmal allein. Du bist verletzt, und der Kummer der anderen Frauen macht deinen nicht geringer. Ich glaube, man muss die Wunde ausheilen lassen und die Trauer hinnehmen. Das Ende einer Beziehung ist wie ein Trauerfall, auch da braucht man Zeit zum Heilen. Man macht es mit sich aus. Man kann mit Freunden reden oder mit einem Therapeuten. Aber am Ende muss man es selbst verarbeiten und seinen Frieden finden, um wirklich abschließen zu können. Erst dann kann man sagen: »Es ist passiert, es ist erledigt, es ist fertig. Es ist gut.« Und wenn man so weit ist, dann schaut man wieder nach vorn, auf morgen und übermorgen und nicht auf das, was erst in zehn oder 15 Jahren kommt.

Nach einem Jahr Trauerarbeit stand meine Tür in die Zukunft wieder offen.

Ich hoffe, dass mein Ex-Mann glücklich ist, so wie auch ich wieder glücklich werden durfte. Anderen Schlechtes zu wünschen, war mir immer fremd. Schlechte Energie, die man in die Welt sendet, kommt zu einem zurück. Davon bin ich überzeugt.

Nach der Scheidung war ich mir einer Sache zu 100 Prozent sicher: Das Kapitel Männer war für mich abgehakt. Ich wollte nie, nie wieder einen Mann auch nur in meiner Nähe haben. Wozu auch? Ich habe drei Kinder, für die ich da sein möchte, und ich habe meinen Beruf, den ich liebe. Das sollte reichen. Dachte ich.

Fünf Kinder, drei Hunde
und Oliver Kahn

*M*eine liebe Freundin Susanne, die mir in der Krise immer treu zur Seite gestanden hatte (und die ich mit meiner Passivität manches Mal zur Verzweiflung brachte), bestand eines Tages darauf, mich zu einem Golfturnier in Eichenried mitzunehmen. Es sei schon alles organisiert, sagte sie begeistert, ich müsse nichts tun, nur hinkommen. »Ich hab da nämlich zwei Jungs, die mit uns im ersten Flight spielen. Einen der beiden kenn ich schon, den Dieter, der ist ganz nett, der andere ist sein Freund.« Ich hörte mir alles an, nickte brav, war mir aber im selben Moment sicher: Da fährst du nicht hin. Ein *offizielles* Turnier mit vielen *fremden* Menschen, völlig ausgeschlossen. Dem fühlte ich mich noch nicht gewachsen. Ich traute mich aber auch nicht, Susanne abzusagen, nachdem sie so viel für mich getan hatte. Der Tag des Turniers rückte näher und näher. Dann war der Zeitpunkt verstrichen, mich herauszureden, ohne dass es unverschämt gewesen wäre. Denn so kurzfristig würde man keinen Ersatz für mich finden. Das wollte ich Susanne nicht antun. Am Morgen des Turniers setzte ich mich widerwillig in meinen Wagen und fuhr los. Sehr, sehr langsam. Gefühlt stand ich mehr auf der Bremse als auf dem Gaspedal. Alles in mir sträubte sich. Ach, und wenn ich jetzt in den Graben fahre – auch nicht schlimm.

Irgendwann kam ich dennoch auf dem Golfplatz an. Alle warteten schon auf mich. Zu spät, zu spät, hörte ich es aus allen Ecken. Herrje, dachte ich, jetzt bin ich doch da. In der nächsten Sekunde wurde auch schon mein Kofferraum aufgerissen, meine Golftasche gepackt, und ich wurde in ein Golfcart verfrachtet, das sofort losraste. »Wird ja auch Zeit«, begrüßte mich Susanne, stellte mich den beiden Mitspielern vor und meinte abschließend: »Wir sind im ersten Flight, erster Abschlag. Dass du mich jetzt bloß nicht blamierst, Uschi.« Dieter, der eine der beiden fremden Männer, schlug als Erster ab (denn der mit dem besseren Handicap fängt an). Und was für ein Schlag das war! Der Ball flog weit und kerzengerade in die Mitte des Fairways. Als Nächstes war der zweite Fremde, ein Bauunternehmer, an der Reihe. Ein Quick Hook rechts raus ins Aus. Das war nix. Damit waren die Männer durch. Weiter mit dem Damen-Tee. Susanne zuerst (weil besseres Handicap als ich), sie haut auch so ein Ding raus wie Dieter. Jetzt bin ich dran. Und ich ebenfalls … Quick Hook ab ins Aus. Schlechter ging's kaum.

Schon in dem Moment hätte ich losheulen können, und wäre ich unsportlich gewesen, hätte ich mir meine Tasche geschnappt und mich verabschiedet. Denn in dem Stil ging es weiter. Dieter und Susanne: Top. Mein Partner und ich: Flop. Susanne und Dieter kannten sich gut und machten jetzt ihr Ding. Ich war so traurig und stinkig, dass ich mich gar nicht mehr konzentrieren konnte, was zur Folge hatte, dass ich noch schlechter spielte. Über die gesamten 18 Löcher zog sich das Trauerspiel hin. Am Ende waren in unserem Flight die beiden Sieger und beiden Verlierer des Turniers, was schon sehr ungewöhnlich ist. Damals war es noch üblich, bei der Preisverleihung auch die schlechtesten

Spieler namentlich zu erwähnen. Na, darauf freute ich mich jetzt schon. Uschi, die sonst so Ehrgeizige, heute die totale Loserin. Den ganzen Tag über war ich nah am Wasser gebaut. »Und die schlechteste Spielerin heute war …«, der Veranstalter des Turniers machte eine Pause und suchte in seinen Papieren herum, »die Schlechteste war … ach ja, die Uschi Glas.« Dann nannte er auch noch den Namen meines Mitspielers (als schlechtesten männlichen Turnierteilnehmer) und natürlich die beiden strahlenden Sieger der Tages: Susanne und Dieter. Spätestens da hätte ich am liebsten die Flucht ergriffen. Stattdessen: gute Miene zum bösen Spiel.

Ich erinnere mich an einen Moment der Vertrautheit zwischen Dieter und mir, den ich ja kaum kannte. Während wir zusammensaßen, verschwand Dieter plötzlich, weil er dringend telefonieren musste. Als er zurückkam, wirkte er bedrückt. Auf meine Nachfrage hin erzählte er, gerade habe er die Nachricht erhalten, dass sein Hund, ein Mittelschnauzer, heute Nacht eingeschläfert werden müsse. Das mache ihn traurig. Wir hätten auch immer Hunde gehabt, sagte ich, und jeden von ihnen hätte ich heiß und innig geliebt. Aber unser Xaver sei etwas Besonderes gewesen, ein Boxer mit Schlappohren, ein gutmütiger Kerl, den hätte ich zum Tierarzt bringen und vor einem Nachtdreh in den Tod begleiten müssen. Und deswegen könne ich so gut nachvollziehen, wie es ihm jetzt gehe.

Gegen Ende des Abends lud mich Dieter zu einem Charity-Turnier ein, das demnächst im Golfclub Heilbronn-Hohenlohe, dessen Präsident er war, stattfinden sollte. Ja, mal schauen, wenn es terminlich passen würde, meinte ich. Eigentlich hatte ich keine Lust, nach diesem Desaster schon wieder bei einem Golfturnier anzutreten. »Kommst du dann auch mit?«, frage ich Susanne. »Klar, ich würd schon hinfahren.« Daraufhin sagte ich zu.

Monate später, kurz vor dem Benefizturnier. Ich rief Susanne an: »Sag mal, wie kommt man denn zu dem Golfclub von Dieter?« Sie zögerte. »Du fährst da doch auch hin?!«, sagte ich mehr, als dass ich es fragte. »Nein, ich hab leider keine Zeit.« – »Wie bitte? Nur deinetwegen hab ich zugesagt.« – »Wir sind schon mal da gewesen, der Platz ist wunderschön«, meinte Susanne. Ich war sauer. Absagen konnte ich nicht, wie hätte das ausgesehen? Bei der Charity-Veranstaltung sollte Geld für die Christiane-Herzog-Stiftung gesammelt werden. Mir blieb nichts anderes übrig …

Diesmal fuhr mich mein Sohn Alexander. Er setzte mich am späten Freitagnachmittag vor dem Hotel ab, in dem ich übernachten sollte, und fuhr weiter nach Stuttgart. Das Hotel lag gleich neben dem Golfplatz, nur 200 Meter entfernt. Ich ging hinein, der Schlüssel lag an der Rezeption bereit, aber von Dieter Hermann weit und breit keine Spur. Erst am übernächsten Tag sollte mich Alexander wieder abholen, denn wir hatten Karten für das Formel-1-Rennen in Hockenheim. Jetzt saß ich aber erst einmal ohne Auto hier fest. Das geht ja gut los, dachte ich. Kurz darauf kam Dieter im Golfcart angefahren und holte mich zu einem Essen im Golfclub ab. Als Präsident hatte er am Vorabend des Turniers Freunde und Familie eingeladen, auch seine Eltern und seine Schwester waren dabei, eine bunte, lustige Truppe, die mich aufnahm, als hätte ich schon immer dazugehört. Später am Abend stieß Roman Herzog dazu.

Witzigerweise wusste Dieter, als wir uns das erste Mal trafen, gar nicht genau, wer ich war. »Ich hörte die ganze Zeit ein Geraune und Gezische, ah, die Uschi Glas kommt, oh, die Glas«, erzählte er mir später. Dieter hatte lange in den USA und England gelebt und gearbeitet. Mit deutschen Fernsehserien kannte er sich nicht aus. *Zur Sache, Schätzchen* hatte er allerdings damals im Kino in Künzelsau gesehen, wo er aufgewachsen ist. Nachhaltiger in Erinnerung geblieben als ich, also als »Barbara«, waren ihm aber Werner Enke und dessen coole Sprüche. Enke hat dem 16-jährigen Dieter sehr imponiert.

Am nächsten Morgen, einem Samstag, begann das Benefiz-Golfturnier. Diesmal spielte ich zum Glück recht gut. Ich war froh, dass ich nicht gekniffen hatte.

Kaum war ich wieder zu Hause in München, bekam ich von Dieter eine sehr launige SMS, in der er schrieb, er hoffe, wir würden uns bald wiedersehen. Daraus entwickelte sich eine intensive SMS- und Telefonfreundschaft. Wir telefonierten stundenlang. Dazu muss man wissen, ich bin normalerweise keine Plaudertante am Telefon, ich mag es kurz und bündig. Bei Dieter war es anders. Unsere Gespräche waren sehr intensiv, sodass wir uns auch übers Telefon einander nahe fühlten. Wir redeten über unsere Familien, die Kinder, unsere Alltagssorgen, hörten einander einfach zu, gaben Ratschläge und Einschätzungen. Beide hatten wir vor Kurzem (und zeitgleich) eine Trennung hinter uns und konnten den Schmerz des anderen verstehen. In vielen Punkten vertraten wir ähnliche Ansichten, in Bezug auf Werte, Politik oder wie man mit Menschen umgeht. So viele Parallelen, so viel Verständnis. Schnittstellen! Aber wir lachten auch viel. Wenn Dieter zum Beispiel sagte, er würde mal gern dies oder jenes machen, sagte ich: »Das glaub ich jetzt nicht. Vor zwei Minuten habe ich genau das Gleiche gedacht.« Wir stellten fest, dass wir zur selben Zeit das Buch *Und Nietzsche weinte* des US-amerikanischen Psychiaters Irvin D. Yalom lasen. Das war schon alles etwas eigenartig.

Das nächste Mal sahen wir uns erst im Herbst wieder, als Dieter zum Oktoberfest nach München kam, um seine Schwester zu besuchen. Bis dahin hatte ich beruflich viel um die Ohren gehabt. Ich stand für ein *Soko-München*-Special im Montafon vor der Kamera. Und wenn ich dann mal freihatte, war Dieter beschäftigt. So ging es eine Weile hin und her. Und trotzdem, obwohl alles so gut anlief, nahm ich die Sache aus einem Grund nicht ernst: Bei unserem ersten oder zweiten Treffen hatte ich am Rande mitbekommen, wie alt Dieter war. Er war acht Jahre jünger als ich. Dieter könnte ein guter Freund werden, das wünschte ich mir, weil ich die Gespräche mit ihm sehr genoss. An mehr dachte ich nicht.

Die Liebe in den späteren Jahren, du suchst sie nicht, aber sie findet dich. Ohne es zu merken, haben wir uns aneinander angeschlichen, und ich hätte niemals gedacht, dass er auf die Idee kommt, ich könnte eine Partnerin für ihn sein. »Du spinnst«, hätte ich gesagt, »ich bin viel zu alt für dich.« Irgendwann führten wir dann doch dieses unausweichliche Gespräch. Was wird aus uns? Kann denn etwas aus uns werden? Für Dieter war der Altersunterschied kein Thema. Aber für mich: »Keine Chance.« Am Ende siegte die Liebe, sie war größer als alle Bedenken und Schranken – in meinem Kopf. Mein Gott, dachte ich, sonst auf emanzipiert machen und dann kneifen, weil der Mann jünger ist.

Fragte sich nur, ob Susanne das alles eingefädelt hatte, als sie mich auf den Golfplatz schleppte. Wenn ich sie darauf ansprach, schmunzelte sie nur. Meine Tochter Julia sagt über die Zeit, als Dieter und ich uns nähergekommen sind:

»Plötzlich änderte sich deine Stimmung, und du bist summend durchs Haus gegangen.«

Dieter gab sein wunderschönes Haus in Künzelsau auf und zog bei mir ein, weil die Distanz auf Dauer zu groß und München für uns beide aus beruflichen Gründen der Lebensmittelpunkt war. Als der Umzugswagen ausgeräumt war und wir anfingen, die Umzugskisten nach und nach zu leeren, sahen wir doppelt. Nicht nur, dass unser Geschmack identisch war, wir hatten zum Teil auch die identischen Möbel. Die gleichen Beistelltische, Liegen und Lampen. Ähnlich bei den Büchern. Wir packten die Bücherkisten aus und hielten die gleichen Bücher in den Händen. Im Regal standen jetzt der doppelte Bocuse und der zweifache Mälzer friedlich nebeneinander. Das war kurios.

Ein Jahr später heirateten wir (diesmal auch kirchlich). Es war uns beiden wichtig, die Beziehung offiziell zu machen. Ich wollte es Dieter ersparen, dass in der Presse immer als »ihr Begleiter« oder »der Walker von Uschi Glas« über ihn geschrieben wurde. Darüber führten wir ein ernstes Gespräch. Ich fragte Dieter, ob er sich den ganzen öffentlichen Rummel zumuten wolle, denn als mein Mann würde er damit leben müssen. Er sagte, damit käme er gut zurecht. Und das tut er.

Um zu vermeiden, dass es bei unserer Hochzeit einen Presseauflauf gab, hielten wir die Pläne strengstens geheim. Eingeladen hatten wir Familie und Freunde zu einer Housewarming-Party mit Bitte um Abendgarderobe. Sobald alle da waren, fuhren wir mit einem gemieteten Bus nach Schloss Lustheim, wo wir in der Renatus-Kapelle getraut wurden. Ich wollte kirchlich heiraten mit Segen und allem, was dazugehörte, »Ja« sagen vor dem Altar und vor unseren Familien und unseren Freunden. Getraut wurden wir von Professor Paul Erdmann, Dieters früherem Religionslehrer, einem progressiven Theologen, der in seine Betrachtungen über Göttlichkeit auch die Wissenschaft einfließen ließ. Wir fragten bei ihm an, ob er uns trauen wolle. Professor Erdmann sagte nicht sofort zu. Zunächst wollte er uns beide treffen. Dieter kannte er seit Langem, und er lag ihm am Herzen. Rückblickend denke ich, er wollte vor allem herausfinden, wie ernst ich es mit Dieter meinte. Dementsprechend nahm er mich in die Mangel. Ich bestand den Test.

Über meinen Mann heißt es in der Presse meistens: »der Unternehmensberater«. Die Geschichte seiner Familie ist tatsächlich spannend und erzählenswert. Dieter stammt aus der Kleinstadt Künzelsau im Hohenlohekreis, im Nordosten von Baden-Württemberg. Die berühmte Mustang-Jeans kommt aus Künzelsau. Den Grundstein für die Mustang Holding legte Luise Hermann 1932 mit Gründung der L. Hermann Kleiderfabrik. Sie war die Großmutter meines Mannes. Als mir Dieter zum ersten Mal von Luise erzählte, war ich sofort von ihr fasziniert. Luise Hermann, die Matriarchin von Künzelsau. Ihr Ehemann Heinrich betrieb einen Holzhandel, musste aber aus gesundheitlichen Gründen kürzertreten. In dieser wirtschaftlich schwierigen Situation trat Luise auf den Plan. Mit Anfang 30 lernte sie bei einem Vetter, der in der Umgebung ein kleines Bekleidungsunternehmen hatte, das Schneiderhandwerk. Nach einem halben Jahr Ausbildung machte sie sich selbstständig. Sie kaufte zwei Nähmaschinen und stellte sechs Frauen an. Ihr Betrieb, spezialisiert auf Arbeitskleidung, wuchs rasant. Wenige Jahre später hatte Luise schon 250 Angestellte.

Dieter beschreibt seine Oma als imposante Frau, groß auch

von der Statur her, Schuhgröße 42. »Wir nannten sie immer unseren Vier-Sterne-General«, sagte er. Sie gab den Ton an im Hause Hermann. Nebenbei zog sie zwei Kinder groß, einen Sohn und eine Tochter. Luise stand jeden Morgen um sechs auf, ging in die Firma und blieb bis abends um elf dort. Sie kümmerte sich um alles. Weil die L. Hermann Kleiderfabrik den Zweiten Weltkrieg unbeschadet überstanden hatte, konnte der Betrieb nach 1945 sofort wieder aufgenommen werden. Dieters Vater Rolf und sein Schwager Albert, der Mann seiner Schwester, stiegen ins Unternehmen ein. Zunächst wurde weiterhin Arbeitskleidung, Overalls und Latzhosen, produziert. Dann entstand die Idee, Jeanshosen herzustellen. Sie waren neu, modern und angesagt. Vor allem: Kein deutsches Unternehmen stellte bis dahin Jeanshosen her. 1948 machte Albert mit einem US-GI ein Tauschgeschäft: sechs Flaschen Hohenloher Schnaps gegen sechs Jeanshosen. Diese dienten als Muster für die Eigenproduktion in Künzelsau. Die erste Jeans aus deutscher Produktion war geboren. Der Name Mustang kam erst zehn Jahre später dazu.

Luise Hermann führte noch lange das Zepter, bis ins hohe Alter war sie im Unternehmen aktiv. Alle Familienmitglieder lebten in Häusern rund um das Firmengrundstück herum. Luise legte Wert auf ein tägliches Ritual im Unternehmen: Jeden Nachmittag versammelte man sich bei ihr zu Kaffee und Kuchen, um dabei zu besprechen, was im Unternehmen gerade anlag. Luise wollte immer alles ganz genau wissen und fragte nach, wenn sie das Gefühl hatte, da wäre irgendwas nicht in Ordnung. Heute würde man so eine Zusammenkunft ein Board Meeting nennen. Es waren aber auch die Ehepartner dabei, die nicht im Unternehmen arbeiteten, und die Kinder.

Dieter belegte nach der Schule zwei Studiengänge parallel: Ingenieur für Bekleidungsfertigung und Wirtschaftsingenieur. Nach dem Studium ging er für ein Jahr in die USA zu einer Unternehmensberatung, danach stieg er ins Familienunternehmen ein. Er war unter anderem verantwortlich für den neuen Standort in Portugal. Später machte er sich mit eigenen Unternehmungen selbstständig. Er heiratete, wurde Vater, die Ehe ging auseinander und wurde geschieden. Seine beiden Töchter haben das Fernwehgen vom Vater geerbt. Sophie lebt in London als Unternehmerin und Influencerin. Charlie arbeitete zunächst in Dublin als Account-Managerin, vor ein paar Jahren ist sie nach Singapur gezogen und im November 2023 Mutter geworden.

Dieter lebte also in einer völlig anderen Welt als ich. Kein Wunder, dass er mich nicht kannte, als wir uns das erste Mal trafen. Und als er es mitbekam, war es ihm wurscht. Er informierte sich bei einem Freund, der sich in der Schauspielszene gut auskannte. Dieser sagte zu ihm: »Keine Sorge, Dieter, das könnte klappen, die Uschi ist nicht so wie die anderen.«

»Der fällt jetzt gleich aus dem Fenster«, sagt Dieter, wenn wir zusammen einen Film schauen. Prompt folgt der Fenstersturz. Oder kaum hat ein Krimi angefangen, prophezeit Dieter: »Diese Frau da, die ist die Mörderin.« Sie *ist* die Mörderin. »Jetzt hör mal auf«, sage ich. »Erzähl mir das nicht. Das macht doch keinen Spaß mit dir.« Dafür, dass sich Dieter zuvor nicht mit Dramaturgie beschäftigt hat, ist er, seitdem er mich kennt, ein echter Experte geworden – und ein Spielverderber. Als wir uns erst frisch kannten, schauten wir gemeinsam in Kitzbühel im Kino den James-Bond-Film *Casino Royale*. Nachdem ein Palazzo in Venedig unter lautem Donner, Gekrache und Gescheppper eingestürzt war, platzte es in der darauffolgenden Stille aus Dieter heraus: »So ein Dreck.« Lauter als beabsichtigt. Alle Köpfe drehten sich in unsere Richtung. Logischerweise schauten die Leute auf mich, denn mich kannten sie, Dieter nicht. Wie peinlich. Der ist ja nix fürs Kino, dachte ich. Ich übertreibe jetzt natürlich, denn abgesehen von unseren kleinen Fernseh- oder Kinokabbeleien leben wir sehr harmonisch miteinander.

Was nicht bedeutet, dass wir immer einer Meinung sind. Wir lesen morgens beim Frühstück die Zeitung, Dieter die *FAZ*, ich die *SZ*. Anschließend diskutieren wir die Nachrichtenlage, mal mehr, mal weniger kontrovers. Ich glaube, kein Journalist kann sich in seiner Berichterstattung von den eigenen Werten und Überzeugungen frei machen. Aber das ist auch in Ordnung. Wenn man zwei Perspektiven auf dasselbe Thema vergleicht, findet man vielleicht einen Mittelweg, oder man entscheidet sich für die eine oder andere Sicht. So bilde ich mir zu politischen Themen meine Meinung, indem ich immer auch die Betrachtung der anderen miteinbeziehe.

Wenn Dieter und ich diskutieren, werden wir aber nicht laut und laufen auch nicht türenschlagend aus dem Raum. Streiten wäre furchtbar. Denn ernsthafter Streit ist immer destruktiv und lässt nur Verlierer zurück. Dafür ist uns unsere gemeinsame Zeit zu wertvoll. Es ist aber auch nicht so, dass wir ständig reden müssen. Wenn Dieter zu Hause in seinem Büro arbeitet und ich gegenüber in meinem kleinen Kabuff, sprechen wir manchmal drei, vier Stunden kein Wort miteinander. Erst wenn er rüberruft: »Was kochen wir denn heute?«, geht es wieder los.

Wir sind beide technikaffin. Wenn zu Hause etwas kaputt geht, muss schon ein echtes Problem vorliegen, damit wir uns dazu entschließen, einen Handwerker zu rufen. Nicht um Geld zu sparen. Am liebsten reparieren wir die Dinge eben selbst, wobei es öfter zu einem Wettstreit zwischen uns kommt: Wer ist schneller? Wer schafft es, ein Gerät wieder zum Laufen zu bringen? Ich rede nicht von einer Glühbirne, die ausgewechselt werden muss, sondern zum Beispiel von einer komplizierten Lampe, die man auseinanderbauen und wieder zusammensetzen muss. Oder wenn etwas mit dem Abfluss nicht in Ordnung ist – dann werde ich nicht zu einer Prinzessin, sondern will das Problem lösen. Mir macht es immer noch Spaß, den Finessen einer Maschine auf den Grund zu gehen. In der Beziehung habe ich mich seit Maschinen Bayer nicht verändert. Ist zu Hause etwas defekt, grübele ich den ganzen Tag selbst beim Drehen darüber. Sobald ich dann zu Hause bin, hol ich mir einen Schraubenzieher und lege los. Ich möchte das dann auch allein hinbekommen und mag es nicht, wenn mir jemand reinredet. Ich muss mich konzentrieren, um zu verstehen, wie die Mechanik funktioniert. »Bitte, Dieter, ich muss jetzt meine Ruhe haben.« Meistens schaffe ich es.

Als ich wieder einmal in Rom drehte, wohnte ich in einem wunderschönen Penthouse mit Terrasse über den Dächern der Stadt. Meine Mutter war zu Besuch. Ich kam abends vom Dreh nach Hause und konnte die Tür nicht aufschließen, weil der Schlüssel nicht mehr ins Schloss passte. Ich klopfte und klopfte, meine Mutter aber hörte mich nicht, weil sie Bella Roma auf der Dachterrasse genoss. Irgendwann nahm sie mein Pochen doch wahr und ließ mich hinein. »Uschi, was machst denn du?« – »Ich kann nicht aufsperren«, sagte ich und baute das Sicherheitsschloss zuerst aus und dann auseinander (wie damals die Olivetti). Ich stellte fest, dass der Zylinderkern voller Wachs war. Offensichtlich hatte jemand in der Nacht versucht, in die Wohnung einzubrechen, während meine Mutter und ich schliefen. Ich zerlegte das Schloss in seine Einzelteile, was eine komplexe Angelegenheit war. Ich reinigte die Plättchen und bastelte einige Stunden daran herum, drohte jedoch zu scheitern. Die einzelnen Teile wollten nicht mehr zusammenpassen. Irgendwie bekam ich es am Ende doch noch hin. Man muss halt nur geduldig sein. Auch hier gilt: Alles ist eine Frage der Logik.

Sich mit Technik zu beschäftigen, bedeutet auch, dass man neugierig bleibt. Ich weiß noch, wie begeistert ich war, als ich mein erstes Faxgerät bekam. Wenn die Produktion anrief und sagte: »Wir faxen Ihnen gleich das Drehbuch zu«, dann lag es eine halbe Stunde später ausgedruckt auf meinem Schreibtisch. Ohne Post, ohne Warterei. Was für eine technische Revolution! Es gab aber Kollegen, die waren skeptisch: »Damit fange ich gar nicht erst an, so'n neumodischer Krempel.« Wenige Jahre später war das Fax schon wieder Geschichte, jetzt hieß es: »Wir mailen Ihnen das Drehbuch.« Klick. Schon war es da. Noch besser. Und was kommt als Nächstes? (Jüngere Leserinnen und Leser denken jetzt vielleicht: Wovon redet die alte Frau? Mein Tipp: »Faxen« einfach mal googeln!)

Als Dieter und ich zusammenzogen, kam viel mehr zusammen als modellgleiche Möbel, Bücher und Hausrat aller Art. Eine neue Familie entstand – ein Riesengewinn für uns alle. Ab sofort waren wir eine Patchwork-Familie mit fünf Kindern. Dieters zwei Töchter, meine Tochter und meine zwei Söhne. Dazu ein Haufen Tiere. Unser Patchwork funktionierte von Anfang an, die Kinder verstanden sich untereinander gut. Dafür bin ich sehr dankbar, denn man kann das weder bestimmen noch einfordern. Wir stellten bald fest, dass unser Haus zu klein war, denn jedes Kind sollte ein eigenes Zimmer bekommen, auch wenn nicht mehr alle zu Hause lebten. Aber wer zu Besuch kam, sollte sich wie zu Hause fühlen und nicht in einem Gästezimmer einquartiert werden. Ein passendes Haus fanden wir auf dem Land vor den Toren Münchens. Hier hatten alle fünf Kinder ihr eigenes Reich. Dann wurden die Kinder flügge, jetzt war das Haus zu groß für uns zwei. Vor ein paar Jahren zogen wir zurück nach München. Familientreffen, bei denen alle zusammenkommen, sind rar, weil unsere Kinder weit verstreut sind, Charlie in Singapur, Sophie in London, Benjamin in Portugal. Nur Julia und Alex leben in der Nähe. Zu Weihnachten schauen wir, dass wir alle unter einen Hut bringen.

Wie schafft man es, die Familie zusammenzuhalten? Durch Reden, Pflegen, Verständnis und Toleranz. Auf unterschiedlichen Ebenen. Natürlich ist Dieters Beziehung zu seinen Töchtern eine andere als die zu meinen Kindern. Ich kommuniziere auf einer anderen Ebene mit Sophie und Charlie als mit meinen Kindern und will auch keine Ersatzmutter für sie sein, ebenso wenig wie Dieter ein Ersatzvater für meine Kinder sein will. Im besten Fall sind wir ein guter Freund und eine gute Freundin. Aber über allem steht das Bekenntnis: Wir sind Familie.

Mittlerweile bin ich nicht mehr »nur« Mutter, sondern auch Großmutter und stelle fest: Die Großmutterrolle hat mich gelassener werden lassen. Das ist wohl ganz typisch so. Mein Vater war für mich nicht immer einfach, als Großvater aber erkannte ich ihn manchmal kaum wieder. Ich erinnere mich an eine Szene, als Benjamin noch sehr klein war. Wir waren zu Besuch bei meinen Eltern. Ich saß in der Küche, als ich nebenan im Wohnzimmer hörte, wie Ben zu meinem Vater sagte: »Sag mal, Opa, spinnst du?« Ich hatte nicht gehört, um was es dabei ging, erwartete aber, dass in der nächsten Sekunde ein Donnerwetter losbrach. Aber nichts dergleichen passierte. Stattdessen sagte mein Vater zu meinem Sohn: »Ich spinne nicht, denn das ist so oder so …« Und dann erklärte er Benjamin etwas. Wenn meine Geschwister und ich früher gesagt hätten: »Vati, spinnst du?« … Ich mag es mir nicht ausmalen.

Wenn ich bei meinen Kindern zu Besuch bin, nehme ich mich zurück, ich ordne mich unter, denn hier bin nicht ich die Chefin, die den Ton angibt, das sollen jetzt mal schön die Jüngeren tun. Seitdem die Zwillinge auf der Welt sind, fahre ich häufig bei Julia vorbei. Ich freue mich, wenn ich gebraucht werde und Julia und ihren Mann Tobias hier und da unterstützen kann. Am liebsten würde ich jeden Tag vorbeifahren. Aber dann kommt mir Chris Howlands alter Song in den Kopf: »Und die Mutter ist immer dabei …«

Neben Möbeln, Hausrat und Kindern kam noch etwas hinzu, ohne das unser Patchwork nicht vollständig wäre: unsere Tiere. Dieter brachte Coco mit in die Ehe, einen Mittelschnauzer Pfeffer-Salz, ich zwei schwarze Möpse, Bentley und Baghira, sowie einen roten Kater. Coco und der Kater – das war Liebe auf den zweiten oder dritten Blick. Unser Kater machte Coco schnell klar, wer der Herr im Haus war. Nach ein paar Tagen und einigen Tatzenhieben auf die Schnauze wurden die beiden Freunde. Seitdem trippelte Coco dem Kater treu ergeben hinterher. Die Möpse waren außen vor. Sie waren am glücklichsten, wenn sie ihre Ruhe hatten.

Ich war eigentlich nie ein Mops-Fan. Wir hatten immer Boxer, unsere Kinder sind mit Boxern groß geworden. Nach dem Tod von Xaver, der uns alle sehr mitgenommen hatte, wollte ich keinen neuen Hund haben. Aber in der schwierigen Phase der Trennung von meinem ersten Mann bettelte Julia immer wieder, ob sie nicht doch einen Hund bekommen könnte. Wir wohnten (mit Marianne) allein in dem großen Haus, Julias Brüder waren schon ausgezogen. Also ließ ich mich breitschlagen. Es müsse ja kein großer Hund sein, meinte Julia, ein »Mini-Boxer« würde schon ausreichen. Was um alles in der Welt sollte ein Mini-Boxer sein?, fragte ich. »Ein Mops«, sagte meine Tochter. Wenige Tage später machten wir uns auf den Weg zu einer Züchterin. Sie zeigte uns nicht einen, sondern gleich zwei süße Mopswelpen. »Möpse sind sehr sensible Wesen«, sagte die Züchterin, »es wäre schön, wenn Sie beide nehmen, dann sind sie auch nie allein.« Sei's drum, dachte ich, auf einen mehr oder weniger kommt es auch nicht an. Julia war überglücklich.

Bentley und Baghira waren gerade bei uns eingezogen, als ich mit Ossi telefonierte, unserem »Familienfotografen«, der zu einem Freund geworden war. »Du, Ossi, ich muss dir was sagen, ich hab zwei neue Möpse.« Langes Schweigen am anderen Ende. Man hörte förmlich, dass er verdauen musste, was er gerade gehört hatte. »Waaas? Uschi, nein! Das hast du nicht wirklich gemacht? Spinnst du denn?« – »Ja, Ossi, was meinst du denn? Wir haben zwei neue Hunde, zwei kleine süße Möpse.« Ossi war erleichtert. Wir lachten beide herzlich.

Und dann gab es ja noch Oliver Kahn. Unseren Kater! Wieder einmal war es die Tierliebe meiner Tochter, die uns ein neues Familienmitglied bescherte. Auf dem Bauernhof, wo meine Schwester ihr Pferd stehen hatte, lief Julia ein verzottelter roter Babykater zu. Seine Augen waren rot und geschwollen, offensichtlich eine schwere Entzündung. »Mami, bitte, kann ich den mitnehmen? Mami, schau mal, der arme Kater.« Wir fragten die Bäuerin, die uns sagte, wir könnten ihn mitnehmen. Der Kater wurde eingepackt. In München brachte ich ihn erst mal zu unserem Tierarzt. Nach ausführlicher Untersuchung sagte der: »Ganz ehrlich, ich weiß nicht, ob er durchkommt. Aber ich schreibe Ihnen etwas auf, und Sie sollten ihm die Augen jeden Tag mit Kamillentee auswaschen.« Ich kam nach Hause und bereitete Julia darauf vor, dass der Kater vielleicht nicht lange bei uns bleiben würde. Trotzdem kümmerten wir uns mit Hingabe um ihn, wuschen ihm die Augen aus und trugen die Salbe auf. Ein ziemliches Unterfangen, da das Tier immer auf Krawall gebürstet war und ein eigenwilliges Wesen an den Tag legte. Regelmäßig ließen wir den Kater von unserem Tierarzt untersuchen. Damals schrieb ich gerade das Drehbuch zu *Tierärztin Christine* (wie passend!). Wenn er nach Meinung des Katers zu lange am Computer gesessen hatte, stolzierte er einfach über die Tastatur und hinterließ seine Buchstaben im Text, ohne sich an mir zu stören. »Weißt du was«, sagte ich in so einem Moment, »wir nennen dich ab sofort Oliver Kahn.« Der Mensch Oliver Kahn möge es mir nicht übel nehmen, aber aufgrund seiner – berufsbedingten – Impulsivität und des rötlichen Stichs in seinen blonden Haaren passte der Name einfach perfekt zu unserem willensstarken Kater.

Der Kater Oliver Kahn wurde trotz schlechter Prognose wieder gesund und erfreute sich noch eines langen Lebens. Nachdem er genesen war, suchte Marianne ein schönes Foto unseres Katers aus und rahmte es ein. Auf das Foto schrieb sie: »Dankeschön, es ist alles gut gegangen. Ihr Oliver Kahn.« Schön verpackt übergab ich das Geschenk unserem Tierarzt bei meinem nächsten Besuch (wegen unserer vielen Haustiere war ich eh fast täglich bei ihm). Das Bild wurde im Wartezimmer aufgehängt. Wenn ich wieder mal dort saß, hörte ich das Geflüster: »Ach, schau, der Oliver Kahn kommt auch hierher.« Ich schwieg und schmunzelte.

Am seidenen Faden

*W*enn ich davon spreche, unsere Beziehung sei sturmerprobt, meine ich das sowohl wörtlich als auch im übertragenen Sinne. Wiederholt wurde Dieter und mir vor Augen geführt, wie wertvoll das Allerwichtigste in unserem Leben ist: die gemeinsame Zeit. Und wie dünn der seidene Faden ist, an dem alles hängt.

Vor ein paar Jahren kauften Dieter und ich uns in Spanien ein gebrauchtes Motorboot, kein Rennboot, sondern eines mit einer Kabine, in der man sich gemütlich aufhalten kann. Es lässt sich angenehm fahren, 14 Meter lang, fünf Meter breit. Das Boot heißt *La Divina*, die Göttliche. Dieter ist derjenige, der an Bord das Sagen hat. Ich bin die Ankerfrau und Mädchen für alles.

Eines Tages machten wir eine Bootstour nach Formentera. Wie so oft waren wir nur zu zweit unterwegs. Für die Fahrt zurück ans Festland, nach La Manga, braucht man, wenn es gut läuft, acht Stunden. An diesem Tag aber lief es ganz und gar nicht gut, denn auf halber Strecke zogen schwarze Wolken auf. Die Wellen wurden von Minute zu Minute höher, der Wind stärker. Wir fuhren mitten hinein in einen schweren Sturm. Umzukehren war keine Option. Und wenn man nicht umdrehen kann, muss man daran glauben, dass das Schicksal es gut mit einem meint.

Trotzdem war uns bewusst, dass es böse enden könnte.

Wenn in diesem Sturm auch irgendetwas mit dem Boot passierte, würden wir nicht überleben. Dieter, ein erfahrener Bootsführer, war hochkonzentriert, aber ich merkte ihm seine Nervosität an. Auf einmal stieg schwarzer Rauch von einem der beiden Motoren auf. Die Wellen wurden immer höher und schlugen mittlerweile über das Boot. Durch den Ausfall des einen Motors war die Göttliche nur noch schwer zu manövrieren. Der Bug tauchte immer wieder tief ins Wasser ein, kam erneut nach oben, von allen Seiten stürzte Wasser über uns herein. Dann riss auch noch das Seil, mit dem unser Beiboot auf einer Plattform am Heck befestigt war. Das Dingi trieb davon, und fast hätten wir es verloren, aber zum Glück hatte Dieter es mit einem zweiten Seil gesichert.

Hilfe konnten wir nicht rufen, woher sollte sie auch kommen? Wir waren ganz allein da draußen. Wie würde dieser Tag enden? Ich konnte in dem Moment nichts beitragen, außer Dieter gegenüber Ruhe auszustrahlen und nicht loszuheulen, was schon mal überhaupt nichts gebracht hätte. Ich setzte mich in Dieters Nähe in das überdachte Cockpit, griff zu meinem iPad und fing an, Sudoku zu spielen, um gegen meine Nervosität anzugehen. Das mag etwas verrückt klingen. Aber ich wusste, für ein Spiel (Meister) brauche ich ungefähr 15 bis 20 Minuten. Ein Spiel bedeutete also: 20 Minuten Sturm überlebt, noch ein Spiel und wieder ein Stückerl geschafft. So überbrückte ich die nächsten Stunden und vertrieb alle bösen Gedanken daran, was passieren könnte. Nachts um halb zwölf kamen wir in La Manga an. Die ramponierte Göttliche hatte uns sicher in den Hafen gebracht. Durchnässt, ausgekühlt, zu Tode erschöpft – aber am Leben. Wir vertäuten das Boot, fuhren in unser Haus und öffneten eine Flasche Rotwein. In dieser Nacht sprachen wir kein

Wort mehr über das, was hinter uns lag. Zwei Tage später fragte ich Dieter: »Du, wann machen wir das mal wieder?« – »Bist du verrückt?«, fragte er. »Na ja«, meinte ich, »schlimmer kann's ja nicht werden. Das haben wir jetzt hinter uns.«

Meine Frage, wann wir wieder in See stechen würden, sollte nicht so klingen, als wolle ich das Schicksal herausfordern. Nichts läge mir ferner. Denn wie dünn der seidene Faden ist, mussten wir nicht nur einmal erfahren.

Ein Jahr nach unserer Hochzeit wurde Dieter von einer Wespe gestochen. Er hatte etwas im Gartenhäuschen erledigt, kam zurück und sagte: »Mich hat gerade, glaube ich, eine Wespe gestochen. Ich geh mal hoch und such mir eine Salbe.« Die Art, *wie* er das sagte, alarmierte mich, denn diesen Ton kannte ich nicht von ihm. Ich folgte Dieter ins Schlafzimmer und sah, dass er kalkweiß im Gesicht war. »Bleib hier sitzen. Ich ruf den Notarzt.« Während ich das Telefon suchte, es war irgendwo unten im Haus, hörte ich von oben einen lauten Knall. Ich rannte wieder zu Dieter, der offensichtlich aufgestanden und hingefallen war und das Bewusstsein verloren hatte. Endlich erreichte ich den Notarzt und schrie ins Telefon: »Wespenstich, mein Mann ist nicht mehr ansprechbar!« Dieters Töchter, Charlie und Sophie, waren gerade bei uns zu Besuch. Gemeinsam versuchten wir, Dieter wach zu rütteln. Ich dachte wirklich, hier und jetzt stirbt er.

Und dann waren die Rettungssanitäter auch schon da. Nach nur sieben Minuten. Dieter aber hatte bestimmt schon seit fünf Minuten keinen Puls mehr. Sie verabreichten ihm an Ort und Stelle Medikamente und holten ihn zurück ins Leben. Mein Mann erholte sich schnell. Wir hatten unglaublich viel Glück. Aber der Schock saß tief, bei uns allen.

Nur wenige Jahre später. Wir wohnten noch in dem Haus

auf dem Land. Wie jeden Morgen waren Dieter und ich gegen sieben Uhr wach und unterhielten uns im Bett darüber, was wir an diesem Tag vorhatten. Normalerweise stand ich vor Dieter auf und ging nach unten in die Küche, um Tee aufzusetzen. An diesem Morgen aber wich ich von der Routine ab und blieb länger als üblich im Schlafzimmer. Wir unterhielten uns gerade noch, da wirkte Dieter plötzlich, als sei er wieder eingeschlafen. Und er gab Geräusche von sich, die ungewohnt klangen. Irgendetwas war überhaupt nicht in Ordnung. Ich schüttelte Dieter, aber er war wie weggetreten. Ich muss ihn wach kriegen, sagte ich mir, rannte ins Badezimmer und holte kaltes Wasser, das ich ihm ins Gesicht schüttete. Keine Reaktion. Ich rief unseren Hausmeister an, bat ihn, sofort rüberzukommen: »Sie müssen mir helfen!« Der Hausmeister wohnte nebenan und war zum Glück schnell da. Mittlerweile hatte ich den Notarzt und die Feuerwehr erreicht. Unser Hausmeister sagte: »Ich lauf raus auf die Kreuzung. Die finden uns ja sonst nicht.« Eine gute Idee, denn unser Haus war für Fremde schwer zu finden, hatte nicht einmal eine Hausnummer. Ich versuchte ein weiteres Mal, Dieter mit einem Schwall eiskalten Wassers zurückzuholen. Baaasch, mitten ins Gesicht. Dieter riss die Augen auf. Ich brüllte ihn an: »Du musst dableiben!« Immer wieder: »Du musst dableiben!« Dieter versuchte aufzustehen. »Bleib sitzen, du fällst mir noch um«, sagte ich, in dem Moment nur glücklich, dass er wieder ansprechbar war.

Ich hörte Schritte. Endlich war der Notarzt eingetroffen. Die Sanitäter trugen Dieter in den Krankenwagen. Aber sie fuhren nicht weg. Ich sah nur, dass der Arzt wie wild telefonierte. »Warum fahren Sie nicht los?«, fragte ich. »Ich kann nicht fahren«, sagte er, »wir finden kein Intensivbett. Alles ist belegt.« Nach einer gefühlten Ewigkeit gab es grünes Licht von einem Krankenhaus in der Nähe von Grünwald, 28 Kilometer entfernt von unserem Wohnort. Ausgerechnet das Krankenhaus, in dem ich meine Kinder zur Welt gebracht hatte (wo auch die Zunge des Jungen zusammengenäht worden war). Dieter wurde sechs Stunden lang operiert, glücklicherweise war ausgerechnet in dieser Klinik ein Spezialist vor Ort. Ein Aneurysma war geplatzt. Wir wussten schon seit Längerem, dass Dieter ein Aneurysma im Gehirn hatte. Es war vor Jahren diagnostiziert worden und wurde regelmäßig kontrolliert. An das Aneurysma hatte ich aber an diesem Morgen keine Sekunde lang gedacht.

Während Dieter operiert wurde, wartete ich sehr nervös vor dem Krankenhaus in meinem Wagen. Nach mehreren Stunden rief ich an, erreichte aber niemanden. Das Telefon klingelte und klingelte. Irgendwann nahm eine Frau meinen Anruf entgegen. Sie sei nur zufällig in dem Raum, denn sie arbeite auf einer anderen Abteilung, sagte sie. Ich erklärte ihr, was passiert war und wer ich bin, daraufhin meinte sie, sie werde mich durch einen Hintereingang ins Gebäude und in die Nähe der Intensivstation bringen, sodass ich unerkannt bleiben könne. Ich war glücklich, auf diesen guten Engel getroffen zu sein. Dann saß ich im Krankenhaus und wartete und wartete, bis die erlösende Nachricht kam: Die OP war gut verlaufen.

Drei Wochen lang blieb Dieter auf der Intensivstation. Anschließend kam er in die Reha, die er aber nach nur drei Tagen wieder verließ, weil er die Übungen und Anwendungen genauso gut zu Hause machen konnte. Dieter ist sehr schnell wieder genesen, es blieb auch nichts zurück. Die Ärzte sprachen von einem kleinen Wunder.

Vieles kam zusammen, um dieses Wunder möglich zu machen. Dass unser Hausmeister sofort zur Stelle war und so gut und schnell reagiert hat. Dass im Krankenhaus ein so hervorragender Spezialist die OP durchführte. Und auch, dass mir in dieser schwierigen Situation die Krankenschwester eine Stütze war – so viele glückliche Fügungen. Was aber wäre gewesen, wenn ich an diesem Morgen wie sonst erst in die Küche gegangen wäre, Tee zubereitet hätte, womöglich noch eine Runde durch den Garten spaziert wäre und Dieter erst viel später, möglicherweise zu spät, gefunden hätte? Ich mag ja die »Was wäre wenn«-Fragen nicht. Aber in dem Fall sind sie mir lange Zeit nicht aus dem Kopf gegangen. Was hatte mich dazu bewogen, von meiner Routine abzuweichen? War es Ahnung, Eingebung, der Wille des Schicksals oder einer höheren Macht gewesen?

Dieser Gedanke treibt mich auch seit dem Tod unseres lieben Freundes Elmar Wepper im Oktober 2023 um. Mit keinem anderen Kollegen stand ich so viele Drehtage vor der Kamera wie mit Elmar. Zum ersten Mal 1977 für *Polizeiinspektion 1*, später dann für die Serien *Unsere schönsten Jahre* und *Zwei Münchner in Hamburg*, zuletzt 2002 für die Komödie *Drei unter einer Decke*, wie schon erwähnt mit Heidelinde Weis, Elmar und seinem Bruder Fritz. Elmar hatte in den letzten Jahren immer weniger gedreht. Er war glücklich mit Anita, seiner Frau, und seiner Familie, seinem Sohn und den beiden Enkeln. Er genoss seinen Garten, liebte die Natur. Ich denke, Elmar war mit sich und der Welt im Reinen.

Aus unserer langjährigen Zusammenarbeit erwuchs eine tiefe Freundschaft, die auf gemeinsamen Werten, Respekt und geteilten Interessen beruhte, auch wenn wir uns im Alltag gar nicht so häufig sahen. Manchmal lagen Monate zwischen unseren Treffen, aber jedes Wiedersehen fühlte sich so vertraut an, als hätten wir erst gestern zusammengesessen. Eine Weile war es auch schon wieder her, als Anita und Elmar sich im Oktober letzten Jahres bei Dieter und mir meldeten und uns für den darauffolgenden Samstag zum Essen einluden. Just an diesem Wochenende hatten wir geplant, nach Kitzbühel zu fahren, und konnten das leider nicht verschieben. Als wir am Sonntag zurück in München waren, rief Elmar an. Es wäre doch schön, wenn wir unser Treffen nicht auf die lange Bank schieben würden. Ob es uns morgen, am Montagabend, passen würde? Wir sagten zu und freuten uns auf das längst überfällige Wiedersehen. Anita und Elmar luden uns zusammen mit einem weiteren Freundespaar zu sich nach Hause ein. Der Abend war launig und gesellig. Hier trafen sich gute Freunde, die gemeinsam einen langen Weg zurückgelegt und sich viel zu sagen hatten. Wir lachten, erzählten Anekdoten von früher.

Eigentlich war es ein ganz normaler Abend im besten vertrauten Sinn, wie wir schon viele zusammen verbracht hatten. Doch mit dem Wissen, was am nächsten Tag geschah, gehen mir die stillen und ungewöhnlichen Nuancen dieses Abends nicht aus dem Sinn. Beim Aperitif unterhielten wir uns über Krankheiten und Wehwehchen, was nichts Ungewöhnliches ist, wenn ältere Menschen beisammen sind. Plötzlich sprachen wir aber auch über Beerdigungen, das Grab meiner Eltern, Bestattungen in einem Friedwald. Trotzdem waren alle bester Laune, es kam keine traurige Stimmung auf. Beim Essen ging es viel um die alten Zeiten. Ich sagte zu Elmar, er sei in all den Jahren, die ich ja nun auch schon auf dem Buckel hätte, mein Lieblingskollege gewesen. Wir hätten uns nicht an einem einzigen Tag gestritten. Ich spürte, dass Elmar sehr berührt war. »Doch«, sagte er plötzlich, »einmal haben wir uns gestritten, und du warst richtig böse auf mich.«

Ich erinnerte mich. Wir drehten damals in Venedig und aßen abends auf der Terrasse eines Restaurants. Benjamin war noch sehr klein, ich hatte ihn mitgenommen, aber an diesem Abend bei Marianne im Hotel gelassen. Auf einmal flogen Maikäfer um uns herum. »Wie schön«, sagte ich. »Ich würde Ben gern mal einen Maikäfer zeigen, sie sind ja so selten bei uns, und er hat noch nie einen in natura gesehen.« Ein Mann am Nachbartisch bekam das mit und fing einen Maikäfer in einem Glas ein, das er mit der Öffnung nach unten auf unseren Tisch stellte. Ich bedankte mich höflich. In dem Moment hob Elmar das Glas vom Tisch und ließ den Maikäfer mit den Worten frei: »Tiere gehören in die Freiheit.« Ich war so sauer auf ihn. Am nächsten Tag, ich war schon in der Maske, sah ich im Spiegel, dass sich die Tür hinter mir ganz langsam öffnete und Elmar hereinlugte – mit sichtbar schlechtem Gewissen. Er wollte vorfühlen, wie die Stimmung war. Er sah dabei so liebenswert aus, ich musste lachen. Und das Eis war gebrochen.

Als wir uns am späten Abend des 30. Oktober verabschiedeten, nahm Elmar erst mich, dann Dieter ganz fest in den Arm und wollte uns gar nicht mehr loslassen. Wir bedankten uns für den schönen Abend.

Am nächsten Vormittag erhielten wir die Nachricht, dass Elmar in der Nacht gestorben war. War es Ahnung, Eingebung, der Wille des Schicksals oder einer höheren Macht, dass Elmar uns unbedingt noch einmal hatte sehen wollen?

Wag es nicht!

*E*in Regisseur, der einen Film mit mir drehen wollte, sagte bei unserer ersten Besprechung: »Ich möchte dich brechen.« Ein Satz wie ein Donnerschlag. Eiskalt. Ich sei ihm zu stark, zu selbstbewusst, er werde aus mir ein zerbrechliches Wesen machen. »Das kannst du vergessen«, sagte ich ihm ins Gesicht und ließ ihn stehen. Auf welche Weise er mich hätte brechen wollen, zu dieser Frage kamen wir gar nicht mehr. Vielleicht hätte er mich vor den anderen am Set gedemütigt, bis ich mich wie ein Opfer gefühlt hätte. Aber das Letzte, was ich sein wollte, war ein willenloses Wesen in den Händen eines Regisseurs, der mich nach Gutdünken benutzen wollte.

Als vor ein paar Jahren die MeToo-Debatte aufkam und sich eine Vielzahl von Kolleginnen erstmals trauten, öffentlich über sexuelle Belästigung, Missbrauch und Vergewaltigungen zu sprechen, stellte auch ich mir die Frage: In welchen Momenten meiner Karriere hat mich ein Mann seine Macht über mich spüren lassen? Hatte ich es jemals zugelassen, dass man mich zum Objekt machte? War ich selbst mal ein Opfer, ohne dass es mir in der Situation bewusst gewesen ist?

Mit anderen Schauspielerinnen hatte ich vor vielen Jahren – ich war noch sehr jung – einen Jour fixe. Wir trafen uns regelmäßig, um uns über die Filmbranche und unsere Erfahrungen auszutauschen. Schon damals, Ende der 70er-,

Anfang der 80er-Jahre, erzählten mir einige dieser Kolleginnen unter vier Augen grauenvolle Geschichten. Ich hörte von seelischen und körperlichen Verletzungen und davon, wie ihr Selbstwertgefühl zerstört wurde. Als die MeToo-Debatte aufkam, sprach ich mit einigen von ihnen darüber, ob sie ihre Erfahrungen öffentlich machen würden. Sie sagten: »Und was nützt mir das jetzt? Ist doch alles verjährt. Und wie könnte ich es beweisen? Warum jetzt aufstehen? Und als Dank bekomme ich einen medialen Shitstorm?« Die Scham war zu groß, sich nachträglich zu offenbaren. Dazu die Angst, in der Opferschublade festzustecken, ohne Gewissheit, ob nicht die Karriere darunter leiden würde. Ich konnte sie verstehen und fragte mich, ob ich an ihrer Stelle den Mut gehabt hätte.

Ich bin – zum Glück – nie in die Situation gekommen, dass ich mich hätte verteidigen müssen. Dabei hätte ich mir gewünscht, von diesen Regisseuren engagiert zu werden, von denen bekannt war, wie sie sich Frauen gegenüber verhielten. Ich hätte es ihnen heimgezahlt. Aber ich wurde nicht engagiert. Die Gründe dafür kann ich nur vermuten. Möglicherweise hatte ich eine Ausstrahlung, die suggerierte: Mit der lege ich mich lieber nicht an, die macht Ärger. Einmal steckte mir ein Kollege bei einer Kussszene seine Zunge in den Mund. Ein klarer Fall von Belästigung. Ich brach den Dreh sofort ab und stellte den Kollegen zur Rede. Im Vergleich zu dem, was Kolleginnen mir erzählten, war diese Belästigung zwar widerlich, aber geringfügig.

Was wurde aus MeToo? Was hat es gebracht, dass sich so viele Frauen mutig offenbart haben? Ich glaube schon, dass sich etwas verändert hat und heutzutage Männer mehr Respekt vor Frauen haben. Sprüche wie »Ach, das Muckerl soll sich nicht anstellen«, der Klaps auf den Po der Sekretärin, die Anmache im Maskenraum – früher war das gang und gäbe, heute traut sich das kein Mann mehr. Natürlich wird es immer schwarze Schafe geben. Aber dank MeToo kann heute niemand mehr behaupten: Wir wussten ja von nichts. Stimmt nicht! Produzenten, Produktionsleiter, Redakteure, Verantwortliche bei den Sendeanstalten – sie alle wussten es. Wer nicht mitmachte, duckte sich und schaute weg. Genau das ist heute nicht mehr so leicht möglich. Einen echten Fortschritt hätte es bedeutet, wenn man die Verjährung von Vergewaltigung gesetzlich geändert oder abgeschafft hätte. Ein solcher Schritt wäre überfällig, und er hätte viele Frauen ermutigt, das erlittene Unrecht öffentlich zu machen. Stattdessen kamen viel zu viele Täter ungestraft davon.

Worte können Waffen sein

Worte können ermutigen (empowern, wie man heute sagt), Kraft geben und Freude verbreiten, was mir mit diesem Buch hoffentlich ein wenig gelingt. Worte können aber auch verletzen, Angst verbreiten, Misstrauen und Zwietracht säen und Menschen vernichten. Ich wünsche mir einen sorgsameren Umgang mit unserer Sprache. Die Literatur eröffnete mir von klein auf neue Horizonte. Als ich damals heimlich in meinen Reclam-Heftchen die großen Dramen und Tragödien las, träumte ich mich in eine andere Welt. Bücher lehrten mich, neue Perspektiven einzunehmen, Dinge von der anderen Seite aus zu betrachten. Heute lese ich meistens Sachbücher, denn es gibt noch so vieles zu entdecken. Wenn ich lese, möchte ich im besten Fall eine Erkenntnis gewinnen. Ich habe meinen Kindern früher immer vorgelesen, weil nichts die kindliche Fantasie so sehr beflügeln kann wie spannende Geschichten. Was läuft da heute verkehrt? So oft höre ich von Lehrern, dass selbst wenn Schüler lesen können (was keine Selbstverständlichkeit ist) und sie die Bedeutung der Buchstaben verstehen, viele nicht in der Lage sind, den Sinn der Wörter zu begreifen. Es bereitet ihnen auch Probleme, mehrere Sätze nacheinander zu lesen und die Zusammenhänge zu erkennen. Für viele ist Sprache nur noch ein Buchstabensalat, garniert mit Emojis, ohne Rücksicht auf Grammatik und Rechtschreibung, in einer verknappten Form, portioniert für Messengerdienste.

Worte dürfen Menschen nicht beleidigen, sie sollten aber auch nicht Opfer einer realitätsfremden Überkorrektheit werden. Liebe Leser:innen und Leser*innen, Ihnen wird aufgefallen sein, dass ich auf Pünktchen und Doppelpunkte verzichte, denn ich denke, wir tun unserer Sprache damit keinen Gefallen. Wem's gefällt, bitte schön, ich bin ja nicht Frau Dr. Duden. Sprache lebt aber auch von ihrem Rhythmus, und ich mag mir den */:-Interruptus in der Poesie oder auf der Bühne nicht vorstellen. Dass ich meine Geschlechtsgenossinnen in keiner Weise benachteiligen möchte (im Gegenteil), liebe Leserinnen und Leser, sollte bis hierhin deutlich geworden sein. Und ob Winnetou noch ein Indianer und Apanatschi ein Halbblut sein darf, wurde auch schon hinlänglich in der Öffentlichkeit diskutiert (inklusive meines Beitrags). Wenn jeder Satz (glatt-)gebügelt ist, wird Sprache langweilig, dann sind wir von der KI nicht mehr weit entfernt. Sprache muss auch provozieren dürfen, ohne zu verunglimpfen. Sie verändert sich, das war schon immer so, und ich denke, die Menschen haben ein gutes Gespür dafür, was nötig ist und wo Grenzen sind.

»Worte sind noch keine Taten«, sagte der Schriftsteller F. M. Dostojewski. Dem möchte ich widersprechen. Worte – geschrieben oder ausgesprochen – können zu Waffen werden. Ein Wort kann der erste Stein sein, der geworfen wird. Einem Kind zu sagen: »Du bist dumm«, »Du bist hässlich«, »Das schaffst du nie«, ist verletzend und demotivierend. Die Verrohung der Sprache zeigt sich nirgends so deutlich wie in den sozialen Medien, wo Täter durch die Anonymität geschützt sind. Das bekam auch ich zu spüren, als ich mich öffentlich für die Impfkampagne #ÄrmelHoch starkmachte. »Mit einem kleinen Piks holen wir uns unser Leben zurück«, war der Slogan. Damals hatte ich tatsächlich Sorge, dass bösen Worten echte Taten folgen könnten.

Jens Spahn, den damaligen Bundesgesundheitsminister, und seinen Mann Daniel Funke, er leitet das Hauptstadtbüro von Burda, kenne ich seit vielen Jahren. Gelegentlich treffen wir uns bei Veranstaltungen oder verabreden uns zum Essen. In der *BUNTEN* gaben Jens und ich einmal ein Doppelinterview zum Thema Organspende. Als er mich fragte, ob ich die Kampagne fürs Impfen unterstützen würde, musste ich nicht lange überlegen. Wie andere Prominente, unter anderem Günther Jauch, drehte ich ein Video mit einer persönlichen Botschaft, um die Impfbereitschaft der Bevölkerung zu erhöhen. In dem Video sagte ich: »Meinen Enkel habe ich seit über einem Jahr nicht im Arm gehabt. Deshalb lass ich mich impfen. Mit einem kleinen Piks holen wir uns unser Leben zurück.« Kaum war der Clip veröffentlicht, hagelte es Protestbriefe und -E-Mails von Impfgegnern und Coronaleugnern. Kritik und persönliche Angriffe war ich gewohnt, damit konnte ich umgehen. Dass ein tiefer Riss durch unsere Gesellschaft ging, war mir zwar bewusst (zumindest nehmen wir ihn seit der Coronazeit wahr), die Heftigkeit der Reaktionen auf meine Teilnahme an der Impfkampagne erwischte mich allerdings kalt. »Wie dumm sind Sie eigentlich, Frau Glas? Kinderlähmung und Pocken gibt es nicht. Wieso sollte ich mich impfen lassen?« Solche Briefe waren noch harmlos. Morddrohungen, Hetze und Aufrufe, mich an die Wand zu stellen – diese Dimension war neu und mehr als erschreckend. Die Morddrohungen und -aufrufe wurden anonym geschickt, aber nicht wenige schrieben mir ihre hasserfüllten Botschaften auch unter Angabe des vollen Namens und der Adresse. Ich beschloss, die Post erst einmal zu sammeln, unternahm aber zunächst nichts. Meine Tochter machte sich ernsthaft Sorgen. Sie fragte mich, ob es nicht zu gefährlich sei und ich die Sache mit der Impfkampagne besser ruhen lassen sollte. Dafür war es jetzt schon zu spät, fand ich, und klein beigeben wollte ich auch nicht.

Bei einem Abendessen im Haus einer Freundin lernte ich eine Staatsanwältin kennen, der ich von den Drohbriefen erzählte. Ich fragte sie, ob ich juristisch dagegen vorgehen könne. Mich belastete dieser Hass. »Muss ich das alles hinnehmen?« Nein, meinte die Staatsanwältin, ich müsse das nicht hinnehmen. Ihr Mann sei Rechtsanwalt und Fachmann für solche Fälle. »Wenn Sie entschlossen sind, etwas zu unternehmen, machen Sie am besten einen Termin und zeigen meinem Mann die Briefe.« Als ich den Anwalt traf, las er sich alles genauestens durch und sortierte die Post anschließend. »Das ist relevant, dagegen können wir vorgehen, das ist zu allgemein, da können wir nichts machen ...« Das war die juristische Ebene. Ich fragte mich aber die ganze Zeit über: Wer sind bloß diese Menschen, die sich hinsetzen und in einer langen Mail dieses Gift und so viel Boshaftigkeit versprühen? Welche Befriedigung ziehen sie daraus? Erfreuen sie sich an der Vorstellung, dass ich ihre Zeilen lese und Angst bekomme? Meinen sie ernsthaft, danach würde ich sagen: Ihr habt ja so recht, Impfen ist Teufelszeug? Über meinen Rechtsanwalt erfuhr ich von der technischen Möglichkeit, den Verfasser einer anonymen Mail herauszufinden. In den Fällen, wo uns das gelang, erstattete ich Anzeige wegen Beleidigung und Bedrohung. Mein Anwalt hielt mich über den Fortgang der diversen Verfahren, die angestoßen wurden, auf dem Laufenden. Es war beruhigend zu hören, dass einige der Schreiber tatsächlich verurteilt wurden, meistens zu Geldstrafen. Mehr wollte ich auch gar nicht wissen, weil mich die ganze Angelegenheit ohnehin emotional belastete.

Monate später geschah Folgendes: Eine Frau, die mir geschrieben hatte, man solle mich vergiften, so wie ich andere mit dem Impfappell vergiften würde, wurde verurteilt, sie ging aber in Berufung. Denn sie behauptete trotz eindeutiger Beweislage, den Drohbrief nicht geschrieben zu haben. Bislang hatte ich nie selbst vor Gericht erscheinen müssen. Mein Anwalt rief mich an, um mir zu sagen, der Richter wünsche sich meine Anwesenheit beim Berufungsverfahren. Ich sei nicht dazu verpflichtet, aber es wäre ein wichtiges Zeichen, wenn ich Flagge zeigen würde. Vorausgesetzt, ich traute mir das zu. »Ich werde da sein«, sagte ich meinem Anwalt, denn ich wollte endlich wissen: Wer ist diese Frau? Würde ich ihr die Boshaftigkeit ansehen? Ich fuhr nach Augsburg, wo der Prozess stattfand. Während im Gerichtssaal die Verhandlung begann, wartete ich auf dem Flur. Mit den Worten »Frau Glas, jetzt sind Sie dran« wurde ich in den Saal gerufen. Und dann sah ich die Täterin zum ersten Mal. Eine biedere, unscheinbare Frau, schätzungsweise Mitte 50, die auf mich frustriert wirkte, was aber der Gesamtsituation geschuldet sein mochte. Sie war keine Person, die einem aufgefallen wäre, weder positiv noch negativ. Ich schaute sie an, sie guckte weg. »Die Beklagte würde sich jetzt bei Ihnen entschuldigen wollen«, sagte der Richter zu mir. »Würden Sie die Entschuldigung dann auch annehmen?« – »Ja, natürlich. Ich meine, wenn sie sich entschuldigen möchte.« Ich war gespannt, was jetzt kommen würde. »Jetzt sind Sie dran«, forderte der Richter die Frau auf. Alle wandten sich ihr zu. »Dann will ich mich entschuldigen«, sagte sie. Mehr nicht, kein »Es tut mir von Herzen leid« oder »Ich wollte Ihnen nichts antun«. Sie stand da und hielt den Blick gesenkt. Nicht eine Sekunde lang war sie in der Lage, mir in die Augen zu schauen. Offensichtlich war sie auch absolut nicht einsichtig. Die fadenscheinige Entschuldigung hatte sie heruntergeleiert, um ihre Strafe abzumildern. Was für eine feige Person, dachte ich, jemanden so anzugehen und dann nicht den Mumm in den Knochen zu haben, dieser Person in die Augen zu schauen. Mutig war sie nur in ihrem stillen Kämmerlein und solange sie anonym blieb.

Ich war entlassen und durfte den Gerichtssaal verlassen. Der Urteilsspruch – 60 Tagessätze à 80 Euro – wurde ohne meine Anwesenheit gefällt. Vielleicht hat die Strafe dazu geführt, dass diese Frau seitdem keine weiteren Hassmails geschrieben hat und sich der Konsequenzen ihres Tuns bewusst geworden ist. Ich kann es nur hoffen. Dann wäre das alles nicht umsonst gewesen.

Hätte es die Bereitschaft zu einem Gespräch gegeben, ich hätte ihr nur eine Frage gestellt: Warum? Ihr Verhalten und ihre Motivation sind für mich bis heute ein Rätsel.

Wie machen Sie das?

Früher kamen Fans zu mir und sagten: »Uschi, hast du ein Autogramm für mich? Ich liebe das *Schätzchen* ja so sehr.« Natürlich unterschrieb ich, und das sehr gern. Jahre gingen ins Land. Die Autogrammwünsche blieben, nur der Spruch änderte sich: »Liebe Frau Glas, meine Mutter (alternativ mein Vater) schwärmt ja so für Sie, dürfte ich bitte ein Autogramm haben?« Für die Mutter? Da zuckte ich schon ein klein wenig zusammen. Aber ich unterschrieb, sehr gern. Die Zeit verstrich. »Meine Oma war schon immer ein Riesenfan von Ihnen. Hätten Sie ein Autogramm für sie?« Na gut, jetzt ist's schon die Oma, dachte ich und signierte mit Freude: »Lieber Gruß an die Großmama«. Sollte ich jetzt etwa beleidigt sein? Ich war mittlerweile ja selbst Großmutter. Aber neulich ist mir etwas passiert, das mich doch ein bisserl irritierte. »Meine *Uroma* schwärmt so für Sie! Hätten Sie ein Autogramm?« Ich musste so lachen und dachte, geht's noch? Aber ist doch schön, gemeinsam mit seinen Fans in immer neue Lebensphasen einzutreten. Manchmal stehen aber auch Teenager vor mir und rufen: »Da, das ist sie, die Leimbach-Knorr.« Nachdem ich die leicht durchgeknallte Lehrerin in *Fack ju Göhte* gespielt habe, kennen mich auch die jungen Leute wieder. Die wollen aber kein Autogramm, stattdessen heißt es: »Darf ich ein Selfie mit dir machen?!«

Das Älterwerden empfinde ich als ein Geschenk, das ich gern annehme, in der Hoffnung, noch ein bisschen länger auf diesem Planeten verweilen zu dürfen. Jegliche Vertuschungsversuche sind – mit Verlaub – ganz schön bescheuert. »Geben Sie niemals zu, wie alt Sie sind«, riet mir ein Produzent, als ich noch ganz jung war. »Wie? Du hast deinen Pass *nicht* gefälscht?«, fragte mich eine Kollegin ernsthaft und ungläubig. Wen belügt man eigentlich: die anderen oder sich selbst? Mit 50 kann ich keine 30-Jährige mehr spielen und mit 80 keine 60-Jährige. Ab wann gilt man als Schauspielerin als alt oder zu alt? Das ist relativ. »Jetzt ist die schon über 30«, hieß es, als ich 29 war. Männer werden reifer, Frauen werden alt. Das ist leider die Realität.

Eine der mir am häufigsten gestellten Fragen lautet: Wie machen Sie das bloß? Mit »das« ist gemeint: Wie bleibe ich fit? Wie gelingt es mir, meine Figur zu halten? Und wie bleibt man jung im Kopf? Alles ist wie immer – auch – eine Frage der Veranlagung und der Gene. Ich kann mich glücklich schätzen, dass ich bislang ohne schwere Erkrankungen durchs Leben gekommen bin, was bei Weitem keine Selbstverständlichkeit ist. Der Rest lässt sich in drei Worten auf den Punkt bringen: Disziplin, Konsequenz und Kontinuität. Viel lieber würde ich Ihnen, liebe Leserinnen und Leser, den Ratschlag geben: »Essen Sie morgens eine Ananas, machen Sie drei Kniebeugen und Sie werden bis ins hohe Alter fidel sein.« So einfach macht es uns der liebe Gott leider nicht. Was mir guttut und mich gesund hält, ist mein tägliches Programm, das ich seit Jahren jeden Tag eisern durchziehe. Am Morgen stehen zunächst einmal eineinhalb Stunden schnelles Walken an, sieben Kilometer, am liebsten mit meinen Walkingstöcken, aber weil das Klack, Klack,

Klack meinen Mann nervt, ersetze ich die Stöcke meistens durch Hanteln.

»Uschi, ich will auch so schlank sein«, höre ich von Kolleginnen. »Du musst nicht dünn werden, um glücklich zu sein«, antworte ich. »Du bist gesund, dir geht es gut. Fühl dich doch wohl in deinem Körper, auch wenn du ein paar Pfunde zu viel hast.« Wir haben einen lieben Freund, der zum Entschlacken und Abnehmen regelmäßig eine Kur macht. Auf dem Weg in die Klinik biegt er immer noch mal schnell ab zu McDonald's, kauft sich einen Big Mac und verzehrt ihn mit Genuss. Dann beginnt er die Diät mit trockenen Semmeln, Wasser, Brühe. Nach der Kur, auf dem Heimweg, biegt er wieder ab zu McDonald's und holt sich zur Belohnung sogar zwei Big Macs. Das nenne ich mal konsequent. Aber er steht dazu, und wir lachen darüber.

Dieter und ich lieben es, zu Hause zu kochen, frisch, niemals Fertiggerichte, keine versteckten Zusatzstoffe. Trennkost bekommt mir am besten. Mittags nehme ich nur ganz wenig zu mir, sonst bin ich den Rest des Tages erledigt. Um 18 Uhr essen wir in der Regel zu Abend, ein bisschen rentnermäßig. Danach gibt es 16 Stunden lang nichts mehr, erst am nächsten Tag gegen zehn Uhr. Das Prinzip 16/8. Intervallfasten!

Wenn ich drehe, ist mein Tag anders strukturiert. Grundsätzlich arbeite ich mit relativ leerem Magen am besten. Als ich noch Theater spielte, ging ich sogar immer ein bisschen hungrig auf die Bühne. Mit vollem Magen fühlte ich mich unwohl. Ich fahre morgens ohne Frühstück zum Drehen. Trinke nur einen Kaffee und fertig. Erst am Abend schlage ich zu. Auch wenn jetzt alle sagen, ganz falsch, umgekehrt ist es gesünder – mag alles richtig sein, aber nicht für mich.

Erst wenn mein Tagwerk vollbracht ist, finde ich die Ruhe und Muße, um mich an den Tisch zu setzen, erst dann mag ich es, zu essen und ein Glas Wein zu trinken. Essen ist mehr als Nahrungsaufnahme, es ist Genuss und Vergnügen. Schön eingedeckt, so wie ich es von meiner Mutter kenne.

Noch einmal zurück zu der Frage: »Wie machen Sie das?« Ganz wichtig ist mir mein Morgenritual, das ich diszipliniert, kontinuierlich und konsequent betreibe.

Erstens: das Bürsten. Immer griffbereit in der Duschkabine liegt eine Massagebürste. Keine Kuschelbürste, sondern eine mit kräftigen Schweineborsten, mit der ich am ganzen Körper die Haut massiere. Das mache ich schon seit mehr als 50 Jahren. Auslöser war ein kleines Schockerlebnis. Damals war ich neben der Schauspielerei Inhaberin eines Geschäfts für Kindermoden. Einmal im Jahr fuhr ich nach Paris zur Modemesse, um neue Ware zu ordern. Mit dabei war eine Angestellte, eine bildhübsche Frau (jünger als ich). Wir teilten uns aus Kostengründen ein Hotelzimmer. Eines Morgens sah ich, dass sie an den Beinen tiefe Dellen hatte. Cellulite! Obwohl sie noch so jung war, das arme Mädel, dachte ich und machte mich schlau, was man vorbeugend gegen Orangenhaut unternehmen könnte. Seitdem kommt die Bürste jeden Morgen zum Einsatz. Das kräftige Massieren löst beziehungsweise verhindert Verklebungen der Hautschichten, sodass sich die unschönen Dellen gar nicht erst bilden können. Die Durchblutung wird gefördert, abgestorbene Hautschuppen abgetragen. Das war jetzt vielleicht ein bisschen unwissenschaftlich erklärt, aber das Prinzip ist hoffentlich verständlich. Die Haut ist nach dieser Prozedur knallrot. Ob es am täglichen Bürsten liegt oder nicht, Fakt ist, ich hatte nie Cellulite.

Zweitens: das Kaltduschen. Nachdem die Haut heiß gebürstet wurde, folgt eine eisige Abkühlung. Bei den Füßen anfangen, dann den kalten Wasserstrahl (kräftig, nicht tröpfelnd) langsam in Kreisbewegungen am rechten Bein hinaufführen, anschließend das linke Bein, dann Bauch, Rücken, Arme, Schultern, Hals und Nacken und zum krönenden Abschluss das kalte Nass ins Gesicht und über den Kopf laufen lassen (und anschließend nicht warm duschen!). Dabei die ganze Zeit bewusst tief ein- und ausatmen. Wenn das geschafft ist, bin ich richtig wach. Jetzt kann der Tag starten. Glücksgefühle machen sich breit. Der Körper prickelt, ich spüre förmlich, wie gut alles durchblutet ist. Seitdem ich morgens kalt dusche, bin ich nur selten erkältet, weil mein Immunsystem stark und robust geworden ist. Schon Sebastian Kneipp schwor auf die Wirkung der kalten Güsse. Ich weiß allerdings auch, sie sind nicht jedermanns Sache. Mein Mann zum Beispiel hasst sie. Ich könnte nicht *ohne* in den Tag starten, obwohl auch ich manchmal mit mir kämpfen muss. Ach, heute mal nicht, sagt das faule Teufelchen auf der Schulter. Und die Vernunft befiehlt: Reiß dich zusammen, jetzt erst recht!

Drittens: das Stretchen. Frisch gebürstet und eisgekühlt (und gut eingecremt) verlasse ich die Dusche und mache meine Stretch- und Dehnübungen. Die Arme so weit nach hinten, wie ich noch greifen kann. Die Beine strecken, den Körper dehnen. Anspannen, entspannen, damit jedes Körperglied seine Beweglichkeit behält.

Dieser Dreiklang (die Borsten, die Kälte, die Spannung) ist, wenn man so will, mein persönliches Rezept für Jugendlichkeit. An jedem Morgen, ohne Ausreden, überall umsetzbar, ob zu Hause oder im Hotel, kostet nichts und dauert nur wenige Minuten. »Was? Das ist alles?«, fragen jetzt vielleicht einige. Wer Zauberformeln oder Hexenwerk erwartet hat, mag enttäuscht sein. Allen anderen empfehle ich: Probiert es doch morgen früh einfach mal aus. Ich garantiere einen kraftvollen Start in den Tag!

So mache ich das!

Der letzte Kaiserschmarrn

W ie wollen wir sterben? Auf diese Frage antworten jetzt viele spontan: am liebsten gar nicht. Aber das ist leider keine Option. Als ich das erste Mal zu Besuch in einem Hospiz war, bekam für mich der Ausdruck »im Moment leben« eine völlig neue Dimension. Man sagt ja schnell mal dahin, man solle das »Jetzt« doch mehr genießen. Völlig richtig. Das war auch immer meine Einstellung zum Leben. Aber als ich Menschen traf, für die genau dieser eine Moment vielleicht der allerletzte sein würde, und sah, mit welcher Freude und Würde sie in diesem Moment lebten – das hat mich umgehauen und nachhaltig verändert.

Mitte der 90er-Jahre nahm Eugen Brysch Kontakt zu mir auf. Er hatte gerade die Deutsche Hospiz Stiftung gegründet (heute Deutsche Stiftung Patientenschutz) und fragte, ob ich mir vorstellen könne, Schirmherrin seiner Stiftung zu werden. Er verfolge meinen Werdegang schon seit Langem und habe das Gefühl, dass ich auch Themen offen ansprächе, die nicht immer bequem seien. Die Stiftung, so Brysch, begleite sterbenskranke Menschen auf ihrem letzten Weg. Damals drehte ich gerade für *Sylvia – Eine Klasse für sich*. Ich antwortete Herrn Brysch, sobald ich mit dem Dreh fertig und er das nächste Mal in München sei, solle er sich einfach melden, dann würden wir weiterschauen. So lange wollte er aber offensichtlich nicht warten und besuchte mich kurze

Zeit später am Drehort. Meine Eltern waren damals vor noch nicht langer Zeit auf sehr unterschiedliche Weise gestorben. Diese Verluste hatte ich noch nicht verarbeitet und war daher sensibilisiert für das Thema und interessiert an dem, was mir Eugen Brysch über die Arbeit seiner Stiftung erzählte. Im Kern ging es um die Frage: Wie steht unsere Gesellschaft zu Menschen, für die es keine Heilung mehr gibt? Wie kann man Sterbenskranke bis an ihr Lebensende begleiten und ihnen einen schmerzfreien und gleichzeitig würdevollen Tod ermöglichen? Die Hospizbewegung steckte noch in den Kinderschuhen, von den Möglichkeiten der Palliativmedizin war wenig bekannt, und der offene Umgang mit den Themen Tod und Sterben war ein Tabu. In der Beziehung hat sich in den vergangenen 30 Jahren vieles getan, auch dank Eugen Brysch. Ich sicherte ihm meine Unterstützung zu (bis heute bin ich Schirmherrin der Stiftung) und versprach, meine Stimme für die Anliegen der Hospizbewegung einzusetzen und ihr mit meinen Möglichkeiten eine Öffentlichkeit zu verschaffen.

Die Debatte, die ich im Zuge meines Engagements erlebte, war extrem emotional, was angesichts der Thematik nicht überraschte. Sie nahm aber zuweilen auch erschreckende Züge an, wenn zum Beispiel die Gegner der Palliativmedizin behaupteten, die Schmerztherapie führe womöglich zu einem früheren und nicht natürlichen Tod des Patienten. Das sei Sünde. Das sei Mord. Andere meinten ernsthaft, das Leid sei Teil des Sterbens, man solle doch bitte schön »in Schmerzen sterben«. Es gab auch kritische Stimmen, was meine Rolle dabei betraf, ob das Thema Tod und Teufel förderlich für mein Image sei. Ich scherte mich einen Teufel um den Teufel und nahm mit Eugen Brysch Termine wahr, traf

Politiker aller Couleur und auf allen Ebenen, die Gesundheitsminister der Länder und des Bundes, und ich besuchte auch immer wieder Hospize.

Der erste Besuch (in einem Heim in Nordrhein-Westfalen) ist mir noch sehr präsent. Eugen Brysch rief mich an und fragte, ob ich ihn am nächsten Tag begleiten wolle. Ohne viel darüber nachzudenken, sagte ich zu. In den nächsten Stunden wurde ich zunehmend unsicherer. Ich war noch nie in einem Hospiz gewesen. Welche Stimmung würde ich dort vorfinden? Wie sollte ich mit Sterbenskranken sprechen? Was konnte ich von mir erzählen? Und dann fragte ich mich plötzlich: Was ziehe ich an? Ich konnte ja nicht in Schwarz erscheinen, aber waren bunte Farben nicht auch unpassend? Besser sportlich oder eher festlich? Gleichzeitig fand ich es dämlich, mir überhaupt über so etwas Banales wie meine Klamotten Gedanken zu machen. Wie oberflächlich bist du eigentlich?! Am liebsten hätte ich abgesagt. Aber das war unmöglich. Am nächsten Morgen wachte ich schon in höchster Anspannung auf, warf mir irgendwelche Kleidung über und fuhr los, bevor ich es mir noch anders überlegte. Ich denke, Herr Brysch ahnte, in welcher Verfassung ich war. Er erlebte nicht zum ersten Mal, wie Menschen reagierten, die noch nie zuvor ein Hospiz von innen gesehen hatten. »Wie schön, Frau Glas, dass Sie uns besuchen«, begrüßte er mich lächelnd. »Wir haben einen Kuchen gebacken.« Ich muss zugeben, das hat mich gepackt. Da komme ich als Schauspielerin zu todkranken Menschen, und sie nutzen ihre wenige Zeit und backen für mich einen Kuchen. Und alle wirkten fröhlich und gar nicht traurig. Die Räume waren hell und positiv. Ich hatte mir vieles ausgemalt, nur das nicht.

Die Patientinnen und Patienten waren zufrieden, wenn sie schmerzfrei oder weitestgehend schmerzfrei waren. Wir sprachen über alles, nur nicht über den Tod. »Am Nachmittag machen wir unseren Tanztee«, sagte eine Bewohnerin zu mir, »bleiben Sie doch.« Einige der Patientinnen und Patienten waren nicht in der Lage, das Bett zu verlassen. »Würden Sie die auch besuchen?«, fragte mich eine Pflegerin. Ich lernte an diesem Tag Frauen und Männer kennen, von jung bis alt, denen es nur um eines ging: ihre wenige Lebenszeit bestmöglich zu nutzen. Sie fühlten sich hier gut aufgehoben, obwohl sie wussten, dass sie bald würden loslassen müssen. Natürlich gebe es auch Menschen, die nicht loslassen könnten, erzählte mir die Leiterin des Hospizes, weil sie noch irgendetwas in ihrem Leben abzuschließen hätten. Ein klärendes Gespräch, weil sie sich mit einem Freund oder Verwandten entzweit haben. Oder die Entschuldigung für einen Fehler. Der Wunsch nach Versöhnung. »Sie tragen einen Kummer in sich, der sie davon abhält zu gehen, etwas Unerledigtes. Ein Patient sagte zu mir, er habe sich mit seinem Nachbarn zerstritten, das tue ihm so unendlich leid. ›Soll ich den Nachbarn fragen, ob er vorbeikommt?‹, fragte ich. Und er: ›Das würde mich freuen. Ich möchte mich entschuldigen.‹ Nach dem Besuch des Nachbarn starb der Mann. Das ist nur eine von vielen Geschichten, die wir hier jeden Tag erleben.«

Ein Unfall, ein Unglück, eine Krankheit. Das Schicksal können wir nicht beeinflussen. Aber die Möglichkeit, unser Sterben, so gut es geht, selbst zu bestimmen, sollten wir nutzen. Ich habe vor vielen Jahren mein Testament gemacht und auch eine Patientenverfügung und diese erneuert, als Dieter und ich heirateten. Sie besagt im Wesentlichen, dass wir beide lebensverlängernde Maßnahmen ablehnen, wenn keine Hoffnung auf Genesung mehr besteht.

Vergangenes Jahr spielte ich in dem Fernsehfilm *Einfach nur Liebe* eine Frau namens Anna, die erfährt, dass sie an Demenz erkrankt ist und unausweichlich den Weg ins Vergessen geht. Sie wünscht sich, dass ihr Mann einen unbeschwerten Lebensabend verbringt, unbeschwert von ihrem Schicksal, und sucht ihm eine neue Frau. Sie sagt sich: »Ich will niemandem zur Last fallen.« Ihr Mann aber möchte bei ihr bleiben. Er liebt sie, und sie zu verlassen, weil sie krank ist, empfindet er als Verrat. Diese Rolle zu spielen, war herausfordernd und beklemmend. Auch wenn es in meiner Familie zum Glück bislang keine Fälle von Demenzerkrankungen gegeben hat, wurde mir bei der Beschäftigung mit der Rolle wieder einmal vor Augen geführt, wie wichtig es ist, vorzusorgen, um die Angehörigen nicht im Unklaren zu lassen. Mir will es einfach nicht in den Kopf, warum wir den unausweichlichsten Moment unseres Lebens, den Zeitpunkt des Todes, im Zweifelsfall der Willkür fremder Menschen überlassen. Wohingegen wir mit einer simplen Patientenverfügung unseren Liebsten eine Orientierung an die Hand geben und ihnen gleichzeitig eine schwere Bürde von den Schultern nehmen.

Seitdem ich mich für die Hospizbewegung einsetze, sage ich gebetsmühlenartig: »Liebe Leute, bitte beschäftigt euch mit dem Tod, grenzt ihn nicht aus.« Ich ernte dafür nicht nur Gegenliebe. Aber wir müssen alle sterben. »Und gerade deswegen«, sage ich dann, »machst du heute die Verfügung und dein Testament. Vielleicht lebst du noch 30 Jahre oder du wirst sogar 110. Dann ist's eh wurscht.« Nur weil man sich mit dem Tod auseinandersetzt, bedeutet das nicht, dass er morgen vor der Tür steht. Viele haben genau davor Angst.

Zum ersten Mal mit dem Tod in Berührung kam ich, als meine Großeltern starben. Ich war natürlich traurig, aber in dem Alter ist der Tod etwas Abstraktes und Fernes. Was es bedeutet, wenn ein Mensch stirbt, wurde mir bewusst, als mein Vater schwer erkrankte. Er war immer ein starker Raucher gewesen und bekam im Alter zunehmend schwer Luft. Ständig hustete er, eines Tages spuckte er Blut. Endlich ließ er sich untersuchen, die Diagnose war Lungenkrebs. Dieser war bereits so weit fortgeschritten, dass es keine Chance auf Heilung gab. Mein Vater wurde in ein Krankenhaus eingeliefert, das er nicht mehr verlassen sollte. Das ahnten wir zu diesem Zeitpunkt noch nicht. Wir waren voller Hoffnung, hatten aber auch große Angst. Die Ärzte konnten meinen Vater nicht behandeln im Sinne einer Therapie. Weder eine OP noch eine Chemotherapie könnten seinen Zustand verbessern, sagte man uns. Stattdessen bekam mein Vater Morphium verabreicht und war oft so sediert, dass er kaum sprechen konnte. Trotzdem litt er unter starken Schmerzen. Eine Palliativ-Schmerztherapie wie heute gab es damals nicht, ich hätte sie meinem Vater sehr gewünscht. Es war ein langes Sterben, denn mein Vater wollte nicht gehen. Er hatte bis zuletzt die Hoffnung, wieder gesund zu werden, obwohl sich sein Zustand immer weiter verschlechterte.

Ich wollte ihm den Wunsch, nach Hause zu kommen, gern erfüllen und sprach den Arzt darauf an. »Wollen Sie ihn umbringen?«, war die Antwort. »Wie wollen Sie sicherstellen, dass er immer mit genügend Sauerstoff versorgt wird?« Meine Geschwister und ich konnten nicht rund um die Uhr bei meinen Eltern bleiben. Ich stellte mir vor, mein Vater wäre mit meiner Mutter allein und es käme zu einem Notfall. Wer sollte helfen? Meine Mutter wäre überfordert. Weil uns das Risiko zu groß war, ließen wir meinen Vater im Krankenhaus. Heute gäbe es ambulante Hospizteams, die kranke Menschen in ihrem vertrauten Zuhause betreuen. Damals wäre das die Lösung für meinen Vater gewesen.

Am Anfang hatten wir noch gedacht, das wird schon wieder. Man hofft von Tag zu Tag, von Woche zu Woche. Früher hatte mein Vater immer gesagt: »Wenn mit mir mal was ist, Kragerl runter.« Und dabei machte er eine Bewegung mit der Hand quer über den Hals. Diese Aussage hatte mich immer entsetzt. Aber jetzt lag er seit Wochen in der Klinik und kämpfte wie ein Löwe. Er hing so sehr an seinem Leben und glaubte bis zuletzt daran, dass am nächsten Tag etwas erfunden werden würde, das ihn gesund machte. Am Tag seines Todes war ich nicht bei ihm. Meine Schwester Heidi besuchte ihn an diesem Samstag, ich wäre erst am Tag danach wieder zu ihm gefahren. In den vielen Stunden, die ich bei ihm am Bett gesessen hatte, hatte ich nie das Gefühl oder das Bedürfnis zu einer Aussprache. Ich hatte längst meinen Frieden mit ihm geschlossen und aufgehört, in ihn »hineinzubohren«. Jetzt war nicht der richtige Zeitpunkt, um Vergangenes aufzuarbeiten. Es war auch nicht mehr wichtig.

Nachdem mein Vater gestorben war, blieb meine Mutter allein in ihrem Haus in der Nähe von Dingolfing. Wir hatten Sorge, dass sie dort vereinsamt. Es war niemand von uns in der Nähe, der sich um sie kümmern konnte, wenn etwas passieren sollte. Ich beschloss, meine Mutter zu mir nach München zu holen, zumal meine beiden Schwestern in der Nähe lebten. In unserem Haus war ausreichend Platz. Ich richtete ein Apartment für sie her. Meine Schwestern kamen oft vorbei, meine Kinder freuten sich über die Oma im Haus und sie über die Enkel. Nach dem Tod ihres Mannes fand meine

Mutter in dem neuen Umfeld ihre alte Fröhlichkeit wieder. Sie blühte auf. Zwei Jahre vergingen.

An einem Tag, Heidi war auch da, sagte meine Mutter nach einem frühen Abendessen urplötzlich, sie habe so richtig Lust auf einen Kaiserschmarrn. Meine Schwester und ich schauten uns an. Dieser Wunsch war schon etwas eigenartig. »Also wirklich, Mutti«, sagte ich. »Jetzt haben wir gerade erst zu Abend gegessen.« Im Nachbarort unserer Schwester Sigrid, nicht weit von mir entfernt, gab es ein Café, wo man den besten Kaiserschmarrn machte, den wir jemals gegessen hatten. Dieser Kaiserschmarrn wäre eine Weltreise wert gewesen. Da wir nicht ganz so weit entfernt waren, erbarmte sich Heidi. »Na ja, dann fahr ich dich halt hin, Mutti.« Während sie unterwegs waren, räumte ich auf. Eine Stunde später rief Heidi mich an. Völlig aufgelöst und kaum zu verstehen. Sie sagte nur immer wieder, unsere Mutter sei gestorben. Ich konnte es nicht glauben. Gerade eben hatten wir noch hier zusammengesessen. Meiner Mutter war es gut gegangen. Sie war in bester Stimmung gewesen, hatte viel gelacht. Wir hatten uns über dieses und jenes unterhalten. Alles wie immer. »Was ist denn passiert?«, fragte ich meine Schwester. Heidi erzählte: Sie hätten gemütlich im Café zusammengesessen, Kaffee und natürlich den heiß ersehnten Kaiserschmarrn bestellt. Unsere Mutter habe in aller Ruhe und mit Genuss ihren Kaiserschmarrn gegessen. Plötzlich sei sie verstummt und ihr Kopf sei leicht nach vorn gekippt. »Ich dachte im ersten Moment, Mutti grübelt über etwas nach«, sagte Heidi.

Wie anders war der Tod meiner Mutter im Vergleich zu dem meines Vaters. Von meinem Vater konnten wir, seine Frau, seine Kinder und Enkel, Abschied nehmen. Er wusste immer, er wäre nicht allein, wenn es so weit wäre. Und als er starb, saß Heidi an seiner Seite. Aber seinem Tod ging ein langer Leidensweg voraus. Ein Abschied von meiner Mutter war nicht möglich. Sie ist kurz weg und kommt gleich wieder, glaubte ich. Mit welchen Worten habe ich sie verabschiedet? Habe ich sie ein letztes Mal umarmt? Ich weiß es nicht. Vielleicht klingt es banal, aber die Vorstellung, dass sie in den letzten Minuten ihres Lebens etwas Schönes gemacht hat, befriedet mich ein wenig. Sie ging mit dem Geschmack von Puderzucker und Apfelmus von dieser Welt.

Ich lebe in der Gegenwart, schaue nicht zurück und nur so weit nach vorn, wie ich die Zukunft möglicherweise beeinflussen kann. Denn glücklich sein kann man nur heute, nicht gestern oder morgen. Die Zeit, die uns bleibt, ist kostbar, denn sie ist rar, und ich mag sie nicht verschwenden. Ich schätze gute Gespräche, die mir (und meinem Gegenüber) etwas bringen, weil ein Türchen aufgemacht wird und ich etwas Neues erfahre oder lerne. Oder weil wir zusammen lachen und mit Fröhlichkeit im Herzen auseinandergehen. Es müssen nicht immer tiefschürfende Gespräche sein. Aber für Geschwätz, Belanglosigkeiten und Selbstdarstellungen ist mir meine Zeit zu schade.

Je älter ich werde, umso konsequenter bin ich in dieser Beziehung, und ich stehe zu einer gewissen Kompromisslosigkeit. Lieber sage ich mal Nein, freundlich, aber bestimmt, anstatt mich hinterher zu fragen: Warum habe ich mir das angetan?

Eine Frage der Mathematik

*I*ch brauche äußere Ordnung, um mich innerlich zu sortieren. Wenn ich Text lerne, muss mein Umfeld aufgeräumt sein. Ein leerer Tisch, ein Stift, das Drehbuch, fertig. In meinem Kopf herrscht anfangs das totale Chaos, das jedoch mit jedem Tag des Lernens geordneter wird. Ich bin ein Zahlenmensch und lerne auch meine Texte fast mathematisch. Ich nehme mir zum Beispiel eine Sequenz vor, suche mir dazu eine Eselsbrücke und hangle mich dann auf diese Weise von Zeile zu Zeile. Der Text muss wie eine mathematische Gleichung aufgehen. So wie drei plus vier sieben ergibt, müssen die einzelnen Sequenzen eines Satzes zu einem Ergebnis führen. Wenn am Ende der Zeile das Wort »Straubing« steht, wie komme ich dort hin, damit dieses Wort als Ergebnis der Gleichung herauskommt? Manchmal wache ich nachts auf und denke: Wie geht die Kurve in der vierten Zeile, wie, wie, wie …? Plötzlich macht es peng, und dann hab ich's. Wenn ich nicht darauf komme, muss ich aufstehen und im Drehbuch nachlesen, weil ich ansonsten in dieser Nacht kein Auge mehr zutue. Ich habe keine Ahnung, wie andere Schauspielkollegen lernen, aber das ist die Methode, die ich mir frühzeitig angeeignet habe. Während der Lernphase entsteht in meinem Kopf eine eigene Geografie aus Eselsbrücken, Gedächtniswegen und Erinnerungsadern.

Manchmal will aber selbst das nicht klappen, und mir fällt

das Textlernen richtig schwer (was keine Frage des Alters ist). Ich muss den Text lernen, ich muss und bekomme ihn doch nicht in die Birne. Dann gehe ich mit dem Drehbuch auf Wanderschaft. Ich laufe durch die Wohnung (sie muss aufgeräumt sein), oder ich gehe in die Natur. Im Wald kann ich den Text laut rezitieren, ohne verrückt zu wirken. Es ist erwiesen, das Hirn arbeitet besser, wenn man sich bewegt, anstatt träge auf dem Stuhl zu sitzen.

Die Gleichung muss auch bei der Rollenauswahl aufgehen. Ich bin der Überzeugung, dass ich nur gut bin und auch als glaubhaft vom Publikum angenommen werde, wenn die Rolle zu mir passt. Dass ich nicht zu denen gehöre, die sagen: »Egal was, her damit, ich spiele euch alles, und wenn's eine Yucca-Palme ist«, habe ich erwähnt. Aber wer darf eigentlich wen spielen? Darüber ist eine Diskussion entbrannt, die abstruse Formen annimmt. Darf ein Schauspieler keinen schwulen Mann spielen, wenn er nicht selbst schwul ist, und ich keine lesbische Frau, weil ich heterosexuell bin? Ich kann doch auch einen Mann spielen, wenn ich will, oder etwa nicht? Tom Hanks sagte in einem Interview, er würde die Rolle des schwulen Anwalts in *Philadelphia* (wofür er den Oscar bekam) heute nicht mehr annehmen, weil es nicht authentisch sei. Dann dürften umgekehrt eine lesbische Schauspielerin oder ein schwuler Schauspieler keinen heterosexuellen Charakter spielen? Wollen wir das wirklich? Ist das dann noch Schauspiel? Extrem gedacht, hätte ich also die Tierärztin Christine nicht spielen dürfen, weil ich kein Studium der Veterinärmedizin absolviert habe. Und Anna Maria, die Kiesgrubenbesitzerin, hätte es auch nie gegeben. Das alles wäre weniger verwirrend, wenn man die Kirche einfach mal im Dorf lassen würde. Und wer spielt den Mörder und wer das Opfer?

Lust auf eine kleine Zeitreise durch meine Filmografie?

Jede meiner Rollen hatte immer auch etwas mit mir zu tun, gleichzeitig haben die Rollen etwas mit mir gemacht. Ich wollte die Frauen verstehen, die ich spielte. Wie leben sie, was macht sie aus, was sind ihre Kämpfe? In dem Fernsehfilm *Frucht der Gewalt* spielte ich eine Journalistin, die Opfer einer Vergewaltigung und daraufhin schwanger wurde. Der Film rollt den Mutter-Tochter-Konflikt auf, denn die Mutter verheimlicht der Tochter lange Zeit die Wahrheit über ihre Herkunft. Die vielen Gespräche mit misshandelten Frauen, die ich im Rahmen der Arbeit für das Frauenhaus geführt hatte, halfen mir bei dieser schwierigen Rollenarbeit. Ich spielte eine Frau, die zwar Opfer ist, aber dennoch stark wird und auch eine gewisse Härte gegenüber sich selbst und anderen entwickelt. Als ich eine Richterin spielte, unterhielt ich mich zur Vorbereitung mit Richtern und Staatsanwälten, um zu erfahren, wie ihr Alltag aussieht und was überhaupt ihre Motivation ist, diesen Beruf auszuüben. Was sind die größten Herausforderungen, wie erkennt zum Beispiel ein Richter, ob ein Zeuge die Wahrheit sagt oder lügt? Um die demenzkranke Anna glaubhaft darstellen zu können, traf ich mich mit einem Freund, dessen Frau an der Schwelle zur Demenz stand. Wie geht er als Partner damit um, dass sie an einem Tag präsent und klar ist und am nächsten für niemanden, selbst für ihn nicht, erreichbar ist? Mein Freund erzählte mir, wenn seine Frau in ihre Welt abgetaucht sei, dann würde sie nie lachen, schon daran lasse sich ihr gegenwärtiger Zustand ablesen. Diese Beobachtung nahm ich auf. Nach der Ausstrahlung des Films schrieb mir eine Bekannte: »Du hast in dem Film nicht *einmal* gelacht.«

Aber es sind nicht nur traurige Themen, mit denen ich

mich beruflich beschäftige. Zur Vorbereitung auf die Rolle der Tierärztin Christine begleitete ich einen realen Tierarzt – unseren Tierarzt in Grünwald – in seinem Praxisalltag. Ich ließ mir zeigen, wie man ein krankes Tier anfasst und worauf ich achten musste, damit ich nicht gebissen wurde. Um als Anna Maria meine Frau zu stehen, frischte ich meine Kenntnisse beim Fahren von Lkw auf. Mit meinem 3er-Führerschein darf ich 7,5-Tonner fahren, aber keine Monster-Lkw.

Wer sind die Frauen, denen ich seit fast 60 Jahren mein Gesicht leihe? Weniger die verhuschten und verletzlichen Charaktere, die nicht wissen, wie das Leben funktioniert, denn sie haben mich nie sonderlich fasziniert. Am liebsten spiele ich gescheiterte Frauen, die die Kraft finden aufzustehen. Das trifft, auch wenn diese Feststellung auf den ersten Blick wundern mag, selbst auf die an Demenz erkrankte Anna aus *Einfach nur Liebe* zu. Natürlich nimmt ihr die Demenz langsam alles, was ein Leben voller Selbstbestimmung ausmacht. Aber bis es so weit ist, möchte sie die Oberhand über ihr Leben behalten und die Zeit danach nach ihren Vorstellungen planen.

Neben dem Schätzchen gab es, wie schon gesagt, keine Rolle, die mich so verfolgt hat wie Apanatschi. Jetzt kommt eine gute Nachricht: Apanatschi lebt! Die gereifte Apanatschi ist heute eine gestandene Geschäftsfrau. Sie hat den Sprung in die Gegenwart geschafft und arbeitet als Immobilienhai, spezialisiert auf die Gentrifizierung heruntergekommener Westernstädte. So gesehen auf dem Nockherberg, wo ich 2018 einen Überraschungsauftritt hatte, für den ich noch einmal in die Rolle der Apanatschi schlüpfte. Für alle Nicht-Bayern: Anlässlich des Starkbieranstichs findet auf dem Nockherberg jedes Jahr das Derblecken statt, das bedeutet, den Politikerinnen und Politikern werden ordentlich die Leviten gelesen. Die Liveübertragung ist jedes Jahr ein Straßenfeger im Bayerischen Rundfunk. Die anwesende Politprominenz muss den Spott einer großartigen Kabaretttruppe aushalten. Dabei ist es die größte Herausforderung, immer schön über sich selbst mitzulachen und die Gesichtszüge bloß nicht entgleisen zu lassen, egal wie derb es einen erwischt. Denn die Kamera hält gnadenlos drauf. Aber jeder Politiker weiß auch: Wenn die da oben dich nicht mehr als wichtig genug empfinden, um dich zu derblecken, hast du ein ganz anderes Problem.

Von allen meinen Filmen wurde keiner so oft im Fernsehen wiederholt wie *Winnetou und das Halbblut Apanatschi*. Alle Jahre wieder zur Weihnachtszeit. Und der *Winnetou*-Kult nimmt kein Ende. Zum 50. Jahrestag trafen sich im Juni 2016 mehr als 100 Fans an den Originaldrehorten in Kroatien. Mich hatte man als Ehrengast zum Goldenen Jubiläum eingeladen. Bislang hatte ich mich immer etwas gesträubt, an solchen Treffen teilzunehmen, aber diesmal sagte ich zu und fuhr mit meinem Mann hin. Ein Jahr zuvor war Pierre Brice gestorben, zu dessen Ehren in Kroatien eine Gedenktafel eingeweiht wurde. Auf dem höchsten Berg der Region fand das Highlight der Fanreise statt. Hier bauten die Veranstalter eine aufblasbare Kinoleinwand auf, was allein schon ein Riesenaufwand war. Das gesamte Equipment musste auf den Berg geschleppt werden. In dieser skurril anmutenden Situation, in der Hitze Kroatiens, irgendwo im Nationalpark Paklenica, auf einer Gummileinwand, schauten wir uns *Winnetou und das Halbblut Apanatschi* an, meine erste Hauptrolle. Was ich sah, war ein junges Mädchen, das an das Gute glaubt und Gutes bewirken will. Ich verstand, warum Apanatschi bei den Menschen so beliebt ist. Damals auf dem Berg in Kroatien habe ich den Film übrigens das allererste Mal überhaupt gesehen. Man mag es kaum glauben, aber es ist tatsächlich so, dass ich die meisten meiner Filme gar nicht kenne. Nicht weil ich mich von meinen Rollen distanzieren möchte, ich mag es nur nicht, ins Kino zu gehen oder mich vor den Fernseher zu setzen, um mich selbst anzuschauen.

Apanatschi jedenfalls will mich irgendwie nicht loslassen – oder ich sie? Wer weiß, vielleicht taucht sie irgendwann einmal irgendwo wieder auf …

In den Pauker-Filmen und leichten Komödien der 60er- und frühen 70er-Jahre spielte ich Teenagerinnen und Schülerinnen. Weil ich immer jünger aussah, konnte man mich in diesem Genre gut besetzen. Diese Mädels waren lieb und naiv, alles andere als starke Charaktere. Barbara, das Schätzchen, war die erste Rolle, der ich etwas Eigenes gegeben habe, eine taffe junge Frau, die die Kraft entwickeln musste, einem Hallodri wie Werner Enke Paroli zu bieten.

Ilona, Elfie und Julia (ehemals Walburga) – die drei Frauen an der Seite von Elmar Wepper in drei erfolgreichen Fernsehserien. Los ging es 1977 mit *Polizeiinspektion 1* (meine längste Serienarbeit). Es folgten *Unsere besten Jahre* und *Zwei Münchner in Hamburg*. Grundsätzlich waren wir, Elmar und ich, als Serienpaar auf Augenhöhe und trugen unsere Kämpfe mit viel Spielfreude aus. Meine Rollen wurden von Serie zu Serie emanzipierter. Das war mir wichtig. Julia aus *Zwei Münchner in Hamburg* war eine resolute Bankmanagerin, die von ihrem Arbeitgeber nach Hamburg geschickt wird, um die Leitung der dortigen Filiale zu übernehmen. Ihr größter Konkurrent (Elmar) folgt ihr auf dem Fuße, um sie in

Hamburg, fernab von der Zentrale in München, zu kontrollieren. Julia nimmt ihren Gegenspieler geschickterweise aus dem Spiel, indem sie ihn heiratet. Bemerkenswert an *Zwei Münchner in Hamburg* war die Tatsache, dass die Serie bei Männern wie Frauen gleichermaßen gut ankam. Kürzlich erzählte mir ein Journalist, für ihn – als Teenager – und seinen Vater seien die *Zwei Münchner* immer ein fester Fernsehtermin und ein schönes Vater-Sohn-Ritual gewesen. Und wenn ich die E-Mail einer Zuschauerin mit dem folgenden Inhalt lese, geht mir ein bisserl das Herz auf:

»Liebe Frau Glas, die Filmrolle Julia Sagerer hat all das verkörpert, was ich sein wollte: eine selbstbewusste und erfolgreiche Mutter, welche den Männern im Banking gezeigt hat, wo es langgeht. Heute bin ich so eine Julia, erfolgreiche Bankerin. Und gleichzeitig auch Mutter zweier Kinder. Ich wollte mich mit dieser Mail von ganzem Herzen bei Ihnen bedanken. Ohne Sie als Role Model wäre ich heute nicht da, wo ich jetzt so unfassbar glücklich bin. Da ich heute selbst Role Model für viele junge Frauen bin, erzähle ich diese Geschichte sehr gerne, ich hatte ein Vorbild und habe alles gegeben, dieses zu erreichen (und es final auch geschafft). Es ist so wichtig, dass junge Menschen verstehen, dass kein Traum zu groß ist, dass er auch erreicht werden kann.«

Dem möchte ich nichts hinzufügen.

Zwei Münchner in Hamburg endete nach drei Staffeln und 37 Folgen, weil mir mein Bauchgefühl sagte: Es ist genug. Auch wenn die anderen meinten: »Mei, bist du blöd, warum hörst du auf?« Aber jede Banker-Story, jede Kreditvergabe, jede Pleite war schon erzählt worden.

Der Gedanke, die Geschichte von Anna Maria, der Witwe eines Kieswerkbesitzers, als Serie zu erzählen, schlummerte lange in mir. Mein erster Mann produzierte damals fürs Fernsehen und sagte, wir bräuchten einen starken Serienstoff. Die Zeit war reif für *Anna Maria*. Hier schloss sich ein Kreis, denn die Idee beruhte auf der wahren Geschichte meines früheren Chefs, des Fuhrunternehmers, der bei einem Autounfall ums Leben gekommen war. Seine Witwe hatte damals den Betrieb aufgegeben. Als junge Mutter fühlte sie sich der Herausforderung nicht gewachsen und verkaufte das Unternehmen. Die fiktive Anna Maria basierte auf dieser jungen Witwe, anders als in der Realität aber entscheidet sie sich nach dem Tod ihres Mannes (gespielt von Michael Degen), das Unternehmen weiterzuführen, obwohl sie, Mutter zweier Kinder, anfangs überhaupt nichts von dem Geschäft versteht und beim ersten Blick in die Buchhaltung feststellen muss, dass sie quasi pleite ist. Das Fuhrunternehmen (real) und das Kieswerk (fiktiv) – beides waren natürlich reine Männerdomänen, wären es vermutlich auch heute noch, was den Serienstoff so interessant machte. Anna Maria stand also auf verlorenem Posten, aber sie würde sich durchbeißen, durch Krisen gehen, Probleme bewältigen und schließlich eine erfolgreiche Unternehmerin werden. Leo Kirch war begeistert von der Idee. Die Serie sollte für SAT.1 realisiert werden. Drehbücher wurden geschrieben, die Besetzung zusammengestellt, Drehorte wurden gesucht und gefunden. So fing 1994 alles an.

Als wir für *Anna Maria* in einer Kiesgrube drehten, kam eine Frau auf mich zu. »Sie wissen schon, dass das meine Geschichte ist?«, sagte sie zu mir. Ich verstand nicht, was sie damit meinte. Sie stellte sich als die Besitzerin der Kiesgrube vor, in der wir die Außenaufnahmen drehten. Sie hatte das Drehbuch im Vorfeld gelesen, um zu entscheiden, ob sie die Dreharbeiten zulassen würde. »Genau wie Sie, also wie Anna Maria«, erzählte sie mir jetzt, »habe ich meinen Mann verloren. Ich war völlig verzweifelt und wusste nicht, was ich tun sollte. Und dann habe ich mir gesagt: Ich mache einfach weiter. Obwohl ich von meinen Fahrern gemobbt wurde, die wollten keine Frau als Chefin haben, und das ließen sie mich jeden Tag spüren. Aber aufgegeben hab ich nicht, wie Sie sehen.« Ich war sprachlos. Erst die Geschichte meines früheren Chefs und jetzt die der Kiesgrubenbesitzerin?! Es gab viele Kiesgruben in München und Umgebung, aber wir waren ausgerechnet bei der einzigen gelandet, die von einer Frau geführt wurde. Ich dachte: Alles passt. Diese Serie kann nur ein Erfolg werden. Ich sollte recht behalten: *Anna Maria* traf den Nerv der Zeit. Diese Frau, die gegen alle Widerstände kämpfte, oft am Verzweifeln war, um ein Haar hingeschmissen hätte, wurde zu einer Heldin und zu meinem größten Fernseherfolg.

Neben Anna Maria spielte ich in den 90er-Jahren, der goldenen Zeit des Privatfernsehens, zwei weitere Serienrollen, die unheimlich beliebt waren. *Tierärztin Christine* und die Lehrerin *Sylvia – Eine Klasse für sich*. Frauen mit Ecken und Kanten, die mit beiden Beinen im Leben und im Beruf standen. Als mich der Produzent von *Tierärztin Christine* fragte, wer in der Serie meinen Vater spielen könnte, sagte ich spontan: »Ernest Borgnine!« Das war ein Scherz, ich hatte am Tag vorher einen Spielfilm mit ihm gesehen. »Was? Der aus Hollywood?«, fragte mein Produzent. Und ich: »Genau der.« Zwei Wochen später rief er mich wieder an: »Er macht's.« – »Wer?« – »Na, Ernest Borgnine. Den wolltest du doch haben.« Mir wäre fast der Hörer aus der Hand gefallen. Wenige Wochen später begannen die Dreharbeiten in Kärnten – diesmal mit einem Oscar-Preisträger.

Als ich Theater spielte, fragte ich vor jeder Vorstellung: »Sind wir ausverkauft?« Waren wir ausverkauft, ging ich doppelt gern auf die Bühne. Wenn ich einen Kinofilm drehte, hatte ich den Ehrgeiz, es so gut wie möglich zu machen, damit die Menschen ihr Portemonnaie in die Hand nahmen und ins Kino gingen. Wenn am Abend *Anna Maria* im Fernsehen gelaufen war und ich am nächsten Morgen die Einschaltquoten erfuhr – wieder zehn Millionen! –, ging mir das runter wie Öl. Ich fühlte mich dem Theater- und Kinobesitzer, dem Produzenten und dem Sender gegenüber verantwortlich. In der Beziehung tickte ich anders als »meine lieben 68er«, von denen einige meinten, sie machten Filme, um sich selbst zu verwirklichen. Ob sich das Publikum dafür interessierte, spielte für sie keine Rolle. Wie arrogant, dachte ich und sagte: »Mach doch lieber ein Super-8-Filmchen, das kannst du dir dann zu Hause anschauen.« Erfüllt es mich mit Genugtuung, dass ich diejenigen, die mich damals abgeschrieben hatten, eines Besseren belehrt habe? Eigentlich nicht, aber vielleicht ein bisschen, ein klitzekleines bisschen …

Wenn ich etwas anpackte, sollte es erfolgreich sein. Dass das nicht immer klappte, ist klar. Aber damals wie heute möchte ich die Menschen erreichen und sie berühren, ob sie nun lachen oder weinen. Es darf alles sein, nur nicht egal.

Das Schicksal meines früheren Chefs, des Fuhrunternehmers, hat mich all die Jahre nicht losgelassen. Wie oft habe ich daran denken müssen, dass sein Tod mir die Entscheidung abnahm, ob ich den Schritt, Schauspielerin zu werden, wagen sollte oder nicht. Wie wäre mein Lebensweg verlaufen, wenn ich das Angebot von Rialto Film ausgeschlagen hätte? Wo wäre ich beruflich gelandet?

Als Kind stellte ich mir vor, in die Fußstapfen meines Großvaters zu treten. Die Rede ist von meinem Opa Josef, dem Metzger aus Schwaben. Wenn ich ihn besuchte, durfte ich beim Wurstmachen helfen. Das gefiel mir. Mit dem Schlachten allerdings konnte ich mich nicht anfreunden. Die Wurstphase war schnell wieder vorbei. Dann der erste Job bei Maschinen Bayer. Büroarbeit und Verkauf. Dass ich bis an mein Lebensende Melkmaschinen verkauft hätte, kann ich mir nicht vorstellen. Aber Verkaufen wäre vielleicht eine Alternative gewesen, weil es mir wirklich Spaß machte. Nach den Melkmaschinen kam, mit einigen Jahren Abstand, die Kindermode. Von Freunden hörte ich immer: »Mach doch mal was mit Mode«, weil bekannt war, wie viel Wert ich auf meine Outfits legte. Vielleicht weil ich als viertes Kind nach meinen Geschwistern immer das letzte Glied in der Kette beim Auftragen der Klamotten gewesen bin. Wie stolz war ich, als ich meinen ersten *eigenen* Pullover bekam, nur für mich gekauft! Ein weißer Wollpullover. Durch Zufall bot sich 1970 die Gelegenheit, ein Ladenlokal in bester Münchner Innenstadtlage zu mieten. Ich schlug zu und eröffnete eine Boutique namens Uschis Kindermoden, die ich 16 Jahre lang parallel zu meiner Schauspielkarriere führte. Ich fand, Kinder in Italien und Frankreich waren besser angezogen als bei uns. Schicke Kindermode könnte eine Marktlücke sein. Eine Freundin unterstützte mich anfangs, die Modebranche war Neuland für mich. Ware aussuchen, ordern, disponieren, kalkulieren, Personal einstellen. Regelmäßig fuhr ich zu den Modemessen nach Mailand und Paris. Wenn ich in

München war und freihatte, stand ich selbst im Geschäft. Es lief ganz okay, blieb aber ein Spaßprojekt, bei dem ich weder Verlust noch Gewinn machte. Am 31. Dezember 1986, am Tag von Julias Geburt, schloss ich den Laden schweren Herzens. Mit drei Kindern würde es schwierig werden, ihn weiterzuführen, zumal die Miete drastisch erhöht werden sollte. Es war an der Zeit, dieses schöne Kapitel zu beenden.

Noch einmal sollte ich als Verkäuferin auf die Bildfläche zurückkehren. Mit einer eigenen Kosmetiklinie, die sehr erfolgreich war, bis die Stiftung Warentest die Creme als nicht empfehlenswert einstufte. Natürlich war ich anderer Meinung, aber am Ende ging es nicht gut für mich aus. Für die Presse ein gefundenes Fressen – endlich der nächste Skandal kurz nach der schlagzeilenträchtigen Scheidung. »Die Creme, mit der sie ihr Gesicht verlor«, giftete die Boulevardpresse. Das Kind war im Brunnen, der Ruf meiner Linie ruiniert, der Verkauf brach ein. Es war das letzte Kapitel der Unternehmerin Uschi Glas.

Stünde ich heute noch einmal vor der Wahl, würde ich parallel zu einer Schauspielausbildung Architektur studieren. Ich hätte große Freude daran, schöne Häuser zu entwerfen und einzurichten.

Eine Radiosendung,
die mein Leben veränderte

Am Anfang hieß es Klinken putzen. Ehrlich gesagt, das war ich so nicht gewohnt, denn Bekanntheit öffnet ja manche Türen. Aber als Dieter und ich 2009 den Verein brotZeit gründeten, stießen wir auf taube Ohren. Von hungernden Schülern in einem reichen Land wie Deutschland wollten die wenigsten Politiker etwas hören.

Wie so oft in meinem Leben war es ein kleiner Moment, der eine ganze Lawine auslöste. Ich fuhr mittags durch die Münchner Innenstadt und hatte das Radio eingeschaltet, hörte aber nur mit einem Ohr hin, während ich mich auf den Verkehr konzentrierte. Moment mal, stutzte ich, hatte ich gerade richtig gehört? In dem Beitrag, der gerade lief, war die Rede von Kindern, die morgens mit leerem Magen in die Schule gehen, weil sie zu Hause kein Frühstück bekommen, und dann mit knurrendem Magen im Unterricht sitzen. Hunger macht nicht nur müde, sondern auch aggressiv. Wie soll ein Schulkind am Unterricht teilnehmen, lernen und aktiv sein, wenn es keine Energie hat und erschöpft ist? Während ich dem Bericht mit wachsendem Interesse folgte, fragte ich mich, wo denn wohl diese 3000 Kinder lebten, denn um die Zahl ging es. Die Information hatte ich bislang verpasst. Plötzlich begriff ich: Diese 3000 Kinder lebten hier bei uns! Mitten in München! Ich war fassungslos. Zu Hause angekommen erzählte ich sofort Dieter, was ich soeben gehört hatte. Wenn das wirklich stimmte, dann müssten wir irgendetwas unternehmen, meinte er spontan. Darin waren wir uns einig. »Aber wenn wir uns darum kümmern, machen wir es gscheit«, sagte Dieter, und wir fingen an zu recherchieren, um uns ein eigenes Bild von der Lage zu verschaffen. Das Problem der hungernden Kinder war keine Übertreibung eines Radioreporters, sondern real und massiv. Welche Dimensionen unser Verein, den wir im Jahr darauf gründeten, einmal erlangen würde, ahnten wir zu dem Zeitpunkt dennoch nicht.

Wo sollten wir anfangen?, fragten wir uns. Bei den Schulen selbst. Wir setzten ein Schreiben auf und schickten mehr als 100 Faxe an Schulen in München und Umgebung. »Ist Hunger ein Problem an Ihrer Schule? Und wie kann man dem Abhilfe schaffen?«, wollten wir wissen. Zuerst reagierte niemand. Aber dann meldeten sich nach und nach Schulleiterinnen und Schulleiter zurück. Hunger *war* ein Riesenproblem im Alltag ihrer Schulen, erfuhren wir. »Uns wäre schon mit Zwieback gedient«, war eine Stimme von vielen. Die Schulen selbst gingen mit dem Thema offen um. Schwieriger wurde es beim Versuch, die zuständigen Schulämter ins Boot zu holen. Viele wollten schlichtweg nicht zugeben, dass es in ihrer Region so viele bedürftige Kinder gab.

Unsere Aktivitäten starteten im November 2008 mit der Verteilung von Keksen und Obst in sogenannten Notfallboxen an zunächst wenigen Grundschulen, um zu testen, wie die Reaktionen bei Kindern, Eltern und Lehrpersonal ausfielen. Die Boxen wurden begeistert aufgenommen. Wir aber waren frustriert. Zwieback für Kinder im reichen Deutschland? Auf unser Nachfragen hin sagten die Schulleiter: »Ein tägliches Frühstück in der Schule vor dem Unterrichtsbeginn, das würde wirklich helfen.« Die große Idee von brotZeit war geboren. Unser Freund, Rechtsanwalt Dr. Harald Mosler, der bereits viel Erfahrung bei der Gründung und Strukturierung gemeinnütziger Vereine hatte, kam jetzt an Bord. Wieder eine wichtige Schnittstelle.

Wie aber sollte brotZeit in der Praxis funktionieren? Es war ja nicht mit Brötchenschmieren getan. Woher sollten die Lebensmittel kommen, und wer zahlte sie? Wo würden sie gelagert? Wer kaufte die Kühlschränke und wo sollten sie Platz finden? Wer schloss morgens den Raum auf, ließ die Kinder ein und beaufsichtigte sie? Eine Frage zog drei weitere nach sich. Und für alles und jedes brauchte es eine Genehmigung. Je mehr Hürden sich auftürmten, umso entschlossener gingen wir voran. 3000 Kinder in München!, sagten wir uns jedes Mal, wenn unser Vorhaben wieder einmal zu scheitern drohte. Und wie viele Hunderttausende knurrende Kindermägen mochten es wohl in ganz Deutschland sein?

Ohne die vielen engagierten Schulleiterinnen und Schulleiter, Lehrerinnen und Lehrer, die für das Projekt Feuer und Flamme waren, hätten wir es nicht geschafft. Wir starteten im März 2009 an vier Grundschulen in München. Von Beginn an wurde das Frühstück von den Kindern gut angenommen. Der Name des Vereins war bewusst gewählt: Die Kinder bekamen am Morgen nicht nur »brot« (also das Frühstück), sondern auch gemeinsame »Zeit« – eine unbeschwerte Stunde mit anderen Kindern, um sich auszutauschen, zu lachen und im besten Fall neue Freundschaften zu schließen. Als Rückmeldung hörten wir, wie positiv sich das Projekt auf das Gemeinschaftsgefüge an den Schulen auswirkte. Voller Magen und Zufriedenheit bedeuten weniger Raufereien in der Pause? Klingt in der Verkürzung recht simpel, im Kern stimmt es aber. Das gemeinsame Frühstück sorgte auch für mehr Toleranz der Kinder untereinander, für weniger Wut und Aggressivität gegenüber Mitschülern. Heinz Buschkowsky, der frühere Bezirksbürgermeister in Berlin-Neukölln, formulierte es einmal so: »Wer weiß, wie viele Keilereien auf dem Pausenhof *nicht* stattfanden, weil die Kinder etwas zu essen im Magen hatten. Aber das ist eine menschliche Beobachtung, nichts Messbares.« Heinz Buschkowsky gehörte zu den Politikern, die uns immer unterstützt haben. Er hatte unseren Ansatz sofort verstanden und in seinem Zuständigkeitsbereich tatkräftig umgesetzt. Ich bewundere seine direkte und anpackende Art. Heinz Buschkowsky berichtete uns von der Beobachtung, dass sich der Umgangston im Umfeld von »brotZeit-Schulen« zum Positiven verändert habe. In seiner gewohnt direkten Art sagte er: Anstatt Mitbürger wie sonst üblich mit dem F-Wort zu beschimpfen, grüße man sich auf der Straße.

Durch Mund-zu-Mund-Propaganda konnte unser Verein in kurzer Zeit schnell wachsen. Einerseits schön, andererseits traurig, denn ich hätte nie gedacht, wie groß das Problem Hunger an deutschen Schulen ist. Während immer mehr Schulleiterinnen und Schulleiter aus dem gesamten Bundesgebiet von sich aus an uns herantraten, blieben die Schulämter anfangs oftmals zurückhaltend. Da macht 'ne Prominente ein bisschen Frühstück, hält sie eh nicht lange durch, dachten die Skeptiker. Falsch gedacht. Die Schulleitungen hingegen wussten, wie hoch die Bedürftigkeit an ihren Schulen war. »Ich erwarte 100 Kinder zum Frühstück«, sagte uns die Leiterin einer sogenannten Brennpunktschule. 100 Kinder zu versorgen, bedeutete einen gewaltigen logistischen und personellen Aufwand.

Eine zentrale Frage galt es am Anfang zu klären: Wer sollte das Frühstück zubereiten und verteilen? Das Personal der Schule konnte diese Aufgabe nicht bewältigen. Wir hatten zugesagt, den Schulen durch das Frühstück keine zusätzliche Arbeit zuzumuten, wir wollten sie schließlich entlasten. Die Idee, ältere Menschen, Seniorinnen und Senioren, als Freiwillige zu gewinnen, wurde aus der Not heraus geboren, entpuppte sich aber als eine Win-win-Situation. In Turnvereinen, Kirchengemeinden und Altenheimen machten wir Aushänge, um Mitstreiterinnen zu finden. Männliche Freiwillige waren willkommen, es meldeten sich aber hauptsächlich Frauen. Für die Kinder sind unsere wunderbaren Frühstücksdamen ein bisschen Großelternersatz am Morgen, und sie wiederum haben Freude daran, mit jungen Menschen Kontakt zu haben. Unter den Freiwilligen selbst entstanden Freundschaften und neue Gemeinschaften. Brot-Zeit wurde so zu einem Mehrgenerationenprojekt. Alleinstehende Frauen erzählen mir, dass sie durch ihren morgendlichen Einsatz wieder zu neuem Elan und zu Lebensfreude gefunden haben. »Ob ich morgens aufstand oder im Bett liegen blieb, hat keinen interessiert. Jetzt habe ich wieder eine Aufgabe.« Inzwischen sind es fast 2000 Seniorinnen und auch ein paar Senioren, die im ganzen Land die Frühstücke bereiten. Um die gesamte Logistik kümmert sich weiterhin der Verein. Die Lebensmittel wurden von Anfang an komplett von Lidl gespendet. Im Jahr 2023 waren es 680 Tonnen.

Seit der Gründung des Vereins sind 15 Jahre vergangen. In diesem Jahr feiern wir Jubiläum. Wir betreuen mit brot-Zeit mittlerweile 400 Schulen in Deutschland, jeden Morgen bereiten Ehrenamtliche das Frühstück für fast 20 000 Kinder vor.

Bleibt die Frage: Warum schicken Eltern ihre Kinder eigentlich hungrig in die Schule? Darauf bekamen wir unterschiedliche Antworten – alle waren frustrierend. Wenn mir eine alleinerziehende Krankenschwester berichtet, dass sie wegen ihrer Frühschicht morgens um drei Uhr die Wohnung verlassen muss und ihr Kind allein nichts essen mag, obwohl sie etwas vorbereitet hat, kann man ihr daraus einen Vorwurf machen? Dann gibt es aber auch Eltern, die schlichtweg keine Lust haben, aufzustehen und ihrem Kind ein Frühstück zu machen. Meine Eltern hatten nie viel Geld, immer musste an allem gespart werden. Aber meine Geschwister und ich haben nie gehungert. Niemals wäre meine Mutter auf die Idee gekommen, uns morgens ohne etwas im Magen aus dem Haus zu lassen. »Sie machen die Eltern doch noch fauler, wenn Sie den Kindern in der Schule was zu essen geben.« Diesen Vorwurf mussten wir uns anfangs tatsächlich anhören. »Wie soll ich denn die Eltern bekehren?«, meinte ich darauf. »Soll ich bei denen zu Hause klingeln und sagen: Guten Tag, ich wollte sagen, Sie müssten um 6:30 Uhr in der Früh aufstehen und Ihrem Kind ein Frühstück machen.« Dann ist es doch besser, das Kind kommt in die Schule, wo es morgens nach Kakao und frischem Brot duftet.

Mir ist bewusst, dass wir, Dieter und ich, unsere Familie, auf der Sonnenseite des Lebens stehen. Es geht uns gut. In meinem Weltbild ergibt sich daraus eine Verpflichtung. Jeder, der die Möglichkeit hat, sollte versuchen, in seinem Kosmos Verantwortung zu übernehmen. Es muss nicht gleich die Weltrettung sein, man kann klein anfangen. »Ich müsste auch mal was tun.« Wenn ich diesen Satz höre, sage ich: »Frag im

Altenheim nach, ob du den älteren Leuten vielleicht vorlesen kannst. Oder geh ins Tierheim und mach mit einem Hund einen Spaziergang. Das wäre ein Anfang.« Wer sich einmal dazu entschieden hat, der Gemeinschaft etwas zurückzugeben, dem ist diese Gemeinschaft auch nicht mehr wurscht. Ich sehe brotZeit als einen kleinen Stein im Fundament unserer Gesellschaft. Kinder *sind* unser Fundament. Wenn wir sie im Stich lassen, stürzt irgendwann alles ein. Deswegen werden wir brotZeit auch weiter vorantreiben und wünschen uns, möglichst alle Schulen zu erreichen, die Bedarf haben.

Normalerweise bekommen wir nur dank der Schulleiterinnen und Lehrer ein Feedback, wie sich das Frühstück auf den Schulalltag auswirkt. Aus Datenschutzgründen erfahren wir auch nicht, was aus »unseren Frühstückskindern« wird. Als ich anfing, dieses Buch zu schreiben, besuchte ich für Besprechungen mehrmals meinen Verlag in München. Eines Morgens sprach mich auf dem Gang ein junger Mann an. »Ich kenne Sie aus meiner Schule«, sagte er und nannte mir ihren Namen. Dort hatte ich gelegentlich beim Frühstück mitgeholfen. »Sie sind der erste Schüler, der zu unserem Frühstück gekommen ist und den ich nun im Erwachsenenleben treffe«, sagte ich erfreut. Ich war neugierig, wie es ihm ergangen war. Der junge Mann erzählte mir, er sei immer der Erste in seiner Schule gewesen, weil sein Vater sehr früh habe das Haus verlassen müssen. Die morgendliche Frühstückszeit habe er als tägliches Highlight in Erinnerung, und gut geschmeckt habe es auch, berichtete er. Mittlerweile ist er Anfang 20 und hat einen guten Job beim Verlag gefunden. Was für eine schöne Begegnung, dachte ich.

Fack ju Schätzchen

I ngrid Leimbach-Knorr, eine Lehrerin der ~~Göhte~~ Goethe-Gesamtschule in München, katapultierte mich noch einmal in eine ganz neue Dimension: Plötzlich kannten mich die *jungen* Leute. Die frustrierte und ausgebrannte Leimbach-Knorr aus *Fack ju Göhte* war das komplette Gegenmodell zu meiner anderen Lieblingslehrerin, der patenten und engagierten Sylvia. *Eine Klasse für sich* waren beide auf ihre Art. Ausschlaggebend dafür, dass Regisseur und Drehbuchautor Bora Dagtekin mich für die Rolle der Leimbach-Knorr haben wollte, war aber nicht meine Sylvia, sondern die Pauker-Filme der 60er-Jahre. Die Pauker-Reihe hatte Bora in seiner Kindheit begeistert. Fast aber wäre nichts aus der Leimbach-Knorr und mir geworden, denn als Bora sich umhörte, hieß es überall: »Die Glas brauchst du für so 'ne kleine Rolle gar nicht anfragen. Die spielt nur Hauptrollen.« Was für ihn die Idee, mich von der Lümmelbank aufs Lehrerpodest zu hieven, nur noch reizvoller machte. Irgendwann rief mich seine Produzentin an. Bora Dagtekin würde mich gern treffen. »Klar, sehr gern«, antwortete ich. Persönlich begegnet war ich Bora bislang nicht, aber ich hatte erst kürzlich seinen Kinofilm *Türkisch für Anfänger* gesehen, der mir sehr gefallen hatte. Jede Pointe saß. Bora Dagtekin, dachte ich, der kann Komödie. Ich freute mich auf das Gespräch. Als Bora mir von Ingrid Leimbach-Knorr erzählte, musste ich nicht lange überlegen. Ja, es war eine kleine Rolle, aber eine mit Entwicklung und eigener Story. Solange es kein Cameo-Auftritt sei, sagte sagte ich – links rein ins Bild, »Die Pferde sind gesattelt« sagen und rechts wieder raus – machte ich gern mit.

Ingrid Leimbach-Knorr war alles andere als einer der selbstbewussten Charaktere, die ich sonst gern spiele, sondern ein Häuflein Elend. Sie hält den Schulalltag nur mittels Einnahme von Beruhigungstabletten aus und stürzt sich im ersten *Fack-ju-Göhte*-Teil aus lauter Frust aus dem ersten Stock der Schule. Klingt tragisch, war aber ungemein komisch. Als ich mich intensiver mit der Rolle zu beschäftigen begann, kam meine frühere Kunstlehrerin aus Landau, die schon erwähnte Frau Hartmann, ins Spiel. Sie war die Blaupause für Ingrid Leimbach-Knorr. Der armen Frau Hartmann haben wir damals das Leben schwer gemacht, sehr, sehr schwer. Schon bevor sie auch nur einen Fuß in den Klassenraum gesetzt hatte, war sie mit den Nerven am Ende. Welche Gemeinheiten haben sich die vier Uschis heute wieder für mich überlegt?, mag sie gedacht haben. Wie Raubtiere rochen wir Frau Hartmanns Angst und machten uns einen Spaß daraus, unser Opfer immer weiter in die Ecke zu treiben. Frau Hartmann hasste das Geräusch, wenn wir mit den Holzstühlen über den Linoleumboden schrammten (ähnlich dem von Kreide auf einer Schiefertafel). Genau das taten wir, gaaaanz langsam, eine volle Unterrichtsstunde lang. Frau Hartmann wusste nie, wer von uns gerade quietschte. Die Uschis schauten engelsgleich, als könnten sie kein Wässerchen trüben, sobald Frau Hartmann eine von uns ins Visier nahm. Oder wir liefen ständig zum Waschbecken, wo wir die Pinsel auswuschen. Nicht weil wir so reinlich waren, sondern weil wir wussten, dass die ständige Unruhe unsere Lehrerin nervös und unsicher machte. Einmal beobachtete ich, wie Frau Hartmann heimlich weinte. In dem Moment tat sie mir leid. Wir waren zu weit gegangen. Ich schäme mich heute noch. »Wenn Sie jetzt da oben auf einer Wolke sitzen, liebe Frau Hartmann, mea culpa.« Um Ingrid Leimbach-Knorr glaubhaft zu spielen, versetzte ich mich bei den Dreharbeiten so intensiv in Frau Hartmann hinein, dass mir der Puls hochging und ich glaubte, die Panik zu spüren, die Frau Hartmann ergriffen haben musste, wenn sie vor ihrer Klasse stand.

Dank Boras Talent für Timing und Pointen zählen die *Fack-ju-Göhte*-Filme zu Recht zu den erfolgreichsten deutschen Kinokomödien der vergangenen Jahre. Ich bin dankbar, in allen drei Teilen dabei gewesen zu sein. Es muss nicht immer die Hauptrolle sein.

Nicht alle Träume werden wahr. Zum Beispiel hätte ich gern die Buhlschaft im *Jedermann* bei den Salzburger Festspielen gespielt. Dieser Zug ist längst abgefahren. Mit Loriot oder Helmut Dietl hätte ich auch gern gearbeitet. Dazu kam es nie. Neulich erzählte mir mein lieber Kollege Günther Maria Halmer, dass mich Dietl in den 70er-Jahren für eine Fernsehserie engagieren wollte. Meine Agentur aber gab ihm, ohne mein Wissen, eine Abfuhr. Schnödes Fernsehen sei nichts für Frau Glas. »Sie macht nur Kino und Theater.« Helmut Dietl war zu Recht gekränkt. Danach fragte er nie wieder.

Was sein soll, soll sein, und den Rest kann man nicht erzwingen. Die Leimbach-Knorr sollte sein. Dietl und ich nicht.

Es gab immer wieder kleinere und größere Sonderlichkeiten, die sich nicht so recht erklären lassen. Die Rolle der Eliza

Doolittle in George Bernard Shaws Theaterstück *Pygmalion* stand jahrelang weit oben auf meiner Wunschliste. Eliza wollte ich unbedingt spielen: das Blumenmädchen ohne Schulbildung, aus dem ihr Mentor Professor Higgins eine Dame der feinen Gesellschaft machen will. So sehr ich mir die Rolle auch herbeisehnte, es wurde nichts daraus. Eines Nachts träumte ich davon, als Eliza auf der Bühne zu stehen. Der Traum wirkte real, und alles fühlte sich so echt an. Ich wachte auf und dachte: Was für ein Quatsch. Mittlerweile hatte ich die Rolle längst abgeschrieben. Mit 36 war ich viel zu alt für die 18-jährige Eliza. Am nächsten Tag lief ich die Maximilianstraße entlang, als ich Isebil Sturm, die Intendantin der Kleinen Komödie am Max II, traf. »Gut, dass ich Sie sehe«, rief sie mir entgegen. »Wir planen gerade die Inszenierung von *Pygmalion*. Warum spielen Sie nicht unsere Eliza?« Träumte ich noch? Oder hatte sie das wirklich gerade gesagt? »Ich bin doch zu alt und kann auch kein Berlinerisch«, sagte ich abwehrend, weil ich das gar nicht glauben konnte (dazu muss man wissen, dass Eliza in der deutschen Fassung des Stückes berlinert, so zumindest war mir das bekannt). »Ach was, erstens sehen Sie jünger aus, und zweitens fand die Uraufführung von *Pygmalion* damals in Wien statt«, meinte Frau Sturm. »Es muss aber auch nicht Wienerisch sein, Sie können die Eliza Bairisch sprechen lassen. Das passt schon.« Verrückt, oder? So kam ich doch noch an meine Wunschrolle. Mit dabei waren Karl-Heinz Vosgerau, der Professor Higgins spielte, aber auch Fee von Reichlin und Erik Ode.

Eine meiner schönsten komödiantischen Rollen war die der Mary in dem Theaterstück *Mary-Mary*, das ich von 1980 bis 1982 spielte. Eine turbulente Beziehungskomödie mit Michael Hinz und Viktoria Brams. Wie viele Male wir das

Dreipersonenstück aufführten, kann ich gar nicht sagen, aber an eine Vorstellung erinnere ich mich noch sehr genau. Wir befanden uns mitten im zweiten Akt. Die Dialoge waren schnell, witzig, temporeich. Die Szene steuerte auf ihren Höhepunkt zu. Dann, wenige Sekunden vor der Pointe: ein lautes weibliches Lachen irgendwo da unten aus dem Publikum. Dieses Lachen erfüllte den ganzen Saal. Ich wusste sofort: Lilo! Liselotte Pulver sitzt im Publikum. Ihr Lachen ist weltberühmt, und niemand lacht so herzerfrischend wie sie. Als Profi hatte Lilo die kommende Pointe schneller als das Publikum erkannt. Sie hatte *vor*gelacht. Mich haute es in der Sekunde komplett raus, ich verlor den Faden. Während ich noch im Kopf nach meiner nächsten Zeile kramte, fing der komplette Saal, angesteckt von Lilo, an zu lachen. Das war meine Rettung.

Was kann noch kommen, wenn man so lange dabei ist wie ich? Viel! Denn ich denke noch lange nicht ans Aufhören. Mehr denn je reizen mich die komischen, schrägen und unkonventionellen Frauentypen. Ich habe Freude daran, das Publikum zu überraschen. Ich will meine Frau stehen, jeden Tag und mit jeder Rolle aufs Neue. Ich liebe die Auseinandersetzung, auch wenn ich zwischendurch am Verzweifeln bin und denke: Diesmal scheitere ich zu 100 Prozent, da hilft auch meine Mathematik nicht weiter – und dann platzt am Ende der Knoten.

Und jetzt?

Vor vielen Jahren lernte ich eine Sennerin kennen, Marie, die auf einer Alm in den Alpen lebte. Im Sommer hütete sie ihre Kühe und Ziegen, und aus der Milch stellte sie Käse her, der ihr ein kleines Auskommen sicherte. Ich besuchte sie gelegentlich, weil ich gern in ihre Welt eintauchte. »Uschi, setz dich her«, sagte sie manchmal und klopfte dabei mit der Hand neben sich auf die Holzbank. Zusammen beobachteten wir den Sonnenuntergang. »Mehr brauche ich nicht«, sagte Marie mit einem Lächeln und den letzten Sonnenstrahlen im Gesicht. »Hier oben bin ich der glücklichste Mensch.« Von der Welt da unten bekomme sie nur das Nötigste mit. »Und ich vermisse nichts.«

Oft habe ich mich gefragt, ob auch ich ein Leben wie Marie führen könnte. So einfach und ungebunden, frei von Ballast. Oder war das naiv? Was wusste ich schon von ihrem Alltag und ihren Sorgen? Dennoch, die Zufriedenheit der Sennerin nötigte mir Respekt ab. Sie hatte ihren Platz im Leben gefunden. Und gleichzeitig wusste ich: Mein Platz wird niemals, so verführerisch es auch sein mag, an einem einsamen Fleckchen irgendwo fernab von allem sein. Ich fühle mich genau richtig da, wo ich bin. Die Welt mag noch so chaotisch sein, ich will alles davon mitbekommen. Ich will mittendrin sein, ich will dabei sein, und ich werde auch weiterhin meine Meinung sagen.

Frau,
Tochter,
Schwester,
Freundin,
Kumpanin,
Geliebte,
Partnerin,
Ehefrau,
Geschiedene,
Schauspielerin,
Unternehmerin,
Siegerin und Besiegte,
Rebellin,
Kämpferin
und manchmal auch ein Quälgeist.
Ich bin vieles – nur kein Schätzchen.

Danke

*I*ch danke allen, die mich beim Schreiben meines Buches so tatkräftig unterstützt haben. Danke, liebe Freunde, Familie und Weggefährten, dass ihr hier und da meiner Erinnerung auf die Sprünge geholfen habt. Volker Schlöndorff, Heinz Buschkowsky, Michael Schanze, Jens Spahn, Alfred Füeßl und viele andere – eure Gedanken waren eine große Bereicherung.

Mein Dank geht an das gesamte Team des Mosaik-Verlags, insbesondere an Alina Rothmeier: Es macht großen Spaß, mit euch zu arbeiten.

Viele Stunden saßen wir zusammen und haben mein Leben Revue passieren lassen. Wir haben tief gegraben, viel gelacht, und manchmal wurde es auch besinnlich. Dafür danke ich euch, Olaf und Peter, meinen Co-Autoren und Literaturagenten.

Eine Menge Leben steckt in 80 Jahren. Vieles habe ich erzählt (Ernstes wie Heiteres), aber nicht alles. Auch das ist eine Frage des Respektes. Es gibt Geschichten, Erlebnisse und Gefühle, die gehören nicht in die Öffentlichkeit – ich trage sie aber weiterhin im Herzen.

Ich hatte das große Glück, immer Menschen an meiner Seite zu haben, denen ich es verdanke, an den Weggabelungen meines Lebens (meistens) richtig abzubiegen und dabei (fast) nie aus der Kurve zu fliegen. Ihr wart und seid »meine Leitplanken«:

Meine Eltern, die das trotzige Mädchen haben atmen lassen.

Frau Berleb, die mich so gesehen hat, wie ich war.

Frau Bayer, meine erste Chefin, die mich förderte und forderte.

Ilse Alexander, meine strenge Agentin, die immer fest an meiner Seite stand.

Horst Wendlandt, der mich entdeckte und ohne den ich wahrscheinlich niemals eine Schauspielkarriere gemacht hätte.

May Spils, die sich unter den vielen Kandidatinnen für mich entschied, als sie ihr »Schätzchen« suchte.

Karl Spiehs, der mir die Chance gab, auch eigene Geschichten und Rollen mitzuentwickeln.

Markus Trebitsch, der meinem Instinkt vertraute und es zuließ, dass ich mich in die Drehbücher »einmischte«.

Bora Dagtekin, durch den ich bei den jungen Leuten ein »Comeback« hatte.

Meine Kinder Julia, Benjamin und Alexander – ihr beflügelt und bereichert mich.

Und ich danke Dieter, meinem Mann, weil er mich versteht, mich unterstützt und mir in jeder Sekunde meines Lebens Kraft gibt.

ine Zahlenfrage zum Schluss:

Wie oft kommt in dem Buch
das Wort »Schätzchen« vor?

Antwort unten …

… 41-mal inklusive dieser Frage.

Macht bei 223 Seiten ein Schätzchen alle fünfeinhalb Seiten.

Geht doch!

Bildnachweis

Schätzchen tanzt auf allen Festen

Fürs „Schätzchen" läuten die Hochzeitsglocken

Das Schätzchen und sein neuer Schatz

Das Schätzchen ist verliebt

Schätzchen, ärgere dich nicht

Das Schätzchen möchte endlich eine eigene Familie haben

Das Schätzchen und der Eisprinz entdeckten ihre Li

„Schätzchen" wird Gräfin!

Neue Serie: Schätzc wurden